美育浸润的艺术课堂

郭声健 许 珊 主编

长 沙

湖南师范大学出版社

图书在版编目（CIP）数据

美育浸润的艺术课堂／郭声健，许珊主编．--长沙：湖南师范大学出版社，2025.1．--ISBN 978-7-5648-5675-5

Ⅰ．G40-014

中国国家版本馆 CIP 数据核字第 2024W145W1 号

美育浸润的艺术课堂
Meiyu Jinrun de Yishu Ketang

郭声健　许　珊　主编

◇出　版　人：吴真文
◇责任编辑：胡艳晴
◇责任校对：刘雅昕
◇出版发行：湖南师范大学出版社
　　　　　　地址／长沙市岳麓区　邮编／410081
　　　　　　电话／0731-88873071　88873070
　　　　　　网址／https：//press.hunnu.edu.cn
◇经销：新华书店
◇印刷：长沙印通印刷有限公司
◇开本：710 mm×1000 mm　1/16
◇印张：15.5
◇字数：240 千字
◇版次：2025 年 1 月第 1 版
◇印次：2025 年 1 月第 1 次印刷
◇书号：ISBN 978-7-5648-5675-5
◇定价：58.00 元

凡购本书，如有缺页、倒页、脱页，由本社发行部调换。

前言

许 珊

我看过的前言不在少数，却从未写过。郭声健教授在微信群里安排："前言请许珊老师来写。"我没有了以往的写作畏难情绪，有的是满脑子飞速运转的各种想法。内容和素材一时间纷至沓来，竟让我产生了一种不吐不快、有感而发的冲动。我想，这便是在一年多的艺术导师制学习中，跟着郭教授一点一滴、耳濡目染所习得的吧。

2024年8月17日早上5时许，郭教授早早起身，继续整理这几日尚未完成的稿子。7时许，书稿初稿就被发至导师群。在繁忙工作的间隙中，郭教授硬是挤出了整整几天的宝贵时间，精心完成了书稿初稿的审读与整理工作。这样的场景，在导师制培训的这一年中常常出现。

一场创新式的培训——艺术学科导师制培训

导师制培训是合肥市瑶海区教育体育局在专题培训的基础上开展的以学科为单位，针对性更强、指导性更高的阶段性系列培训项目。艺术导师制项目是在《义务教育艺术课程标准（2022年版）》颁布后，以美育为标，艺术为基，打破地域限制、学科壁垒的一段向上、向善、向美的教育探索之旅。

艺术导师制培训的核心在于导师，那究竟是邀请音乐方面导师还是美术方面的导师？一时间，陷入了瓶颈。在各级专家的指导、帮助下，最终邀请到了全国美育专家郭声健教授，开启了这段非凡的学习、成长之旅。艺术导师制核心团队成员共计25人，是遵循"双向奔赴"的选拔原则产生的，由瑶海区音乐、美术骨干教师组成。

培训之初，郭教授用心为我们量身定制瑶海区艺术导师培训目标：中小学艺术骨干教师，不仅要做专业和教学上的"武林高手"，更要做学生与育人上的"心灵捕手"，还要做学术与科研上的"领军人才"，真正成为习近平总书记所说的"坚定理想信念、陶冶道德情操、涵养扎实学识、勤修仁爱之心"的新时代美育"好老师"。

从2023年7月至今，我们既有线下的集中培训，也有线上的指导交流；既有郭教授寄给每位成员的书籍，也有郭教授在"艺术导师培训群"与我们的时时互动、处处引领。经过一年的培训、交流、研讨和引领，一些变化在艺术导师制成员之中悄然萌生。我作为此次培训的组织者和参与者，感受着郭教授的用心培育，体会着核心团队成员细微的变化，也领略到了变化所蕴含的美好。在此，真诚地感谢郭教授。是他的真诚、用心，为我们搭建了乐学、乐思、向美的成长平台，在他的不断鼓励与榜样引领下，我们每位成员都激发出自身无限的可能。在我们追求完美，迟迟不动笔时，他说提起笔就成功了一半；当我们不知道如何用文字打动读者时，他说让文字先触动自己；无论我们在思考之路上遇到什么样的困惑，他的教诲总是在我们心头生出新的希望。最终所有导师制成员的努力与坚持在一字一行的写作中开花结果！

同时，借此机会向瑶海区教体局党委书记、局长袁乃玉表示感谢，正是出于对教育的挚爱、对教研的执着追求，他始终将教师的专业成长放在首位，着力推动学科导师制项目持续开展。感谢区教研室对导师制项目的实施制定了明确的路线图和任务要求。同时还要感谢的是合肥市教育科学研究院的音乐教研员蒋婷婷老师。在最初寻觅艺术导师的迷茫阶段，她为我们提供了专业的指导与引领，将美育作为引领的突破点，拓宽了艺术导师制培训的格局和视野，为项目的顺利实施打下良好的基础。

一份沉甸甸的成果——《美育浸润的艺术课堂》

"艺术导师制全家福"，一份暖暖的心意。

2023年7—11月，在经过几个月线上线下的培训后，无论是导师制微信群里的日常分享，还是一对一的"作业"指导，大家都在点点滴滴中感受着郭教授的美育情怀与真诚指导，老师们和郭教授的联结也越来越密切。2023年12月，郭教授又要来瑶海啦！带着这份感动与感激，一个念头在心底冒了出来：这次郭教授来瑶海，我们要一起给郭教授准备一份特殊的礼物！我们设想，由团队的美术大咖作为主力，把导师制全体成员的名字一起呈现在这份特殊礼物上，以此表达我们的心意。在经过无数次线上的头脑风暴，以及寻找素材、思考表现形式后，我们确定了三个要素，分别是：①完整。艺术导师制全家福。②原创。所有内容全部由艺术导师制成员完成。③特色。用瑶海区美术学科打造的"有墨安徽"少儿中国画创新教学的美育特色形式创作完成。

最终，由瑶海区美术兼职教研员、合肥市少儿艺术学校的张华利老师执笔完成的以郭教授水墨肖像、全体团队老师姓名和一首表达心意的藏头诗组成的"全家福"终于出炉了。这既是瑶海艺术导师制培训的全家福，也是艺术导师制全体成员对郭教授的爱。

为了让郭教授快速了解这份"心意"，合肥市大通路小学李晓朦老师制作了"心意"礼物由来的小视频。培训结束后，在郭教授完全不知情的情况下，大家为他播放了"心意"视频，并将这份"艺术导师制全家福"的心意送给了郭教授。那一刻，大家一起在欢笑中湿润了眼眶，郭教授也被这突如其来的"心意"撞了满怀。

"艺术导师制的成长硕果"，一份满满的收获。

培训时，郭教授常说："许多思想是写出来的。人精力最集中的时候就是写作的时候。"为了让导师制培训更有实效，真正在行动中成长，在浸润中蜕变，郭教授在2024年2月4日立春这天发布了"瑶海区艺术导师制培训班2024美育浸润行动"的重要项目——编写出版《美育浸润的艺术课堂》方案。郭教授将目标、时间、征稿主题都精心梳理了出来。这不正是实施美育浸润行动的最佳路径吗？原来郭教授正带领着我们从简单的小事做起，于平常的点滴中浸润，一步一个脚印地朝着美育的目标前行。

在这半年的时间里，郭教授不仅在起始阶段作出了精心的策划，还在整个过程中给予我们耐心的指导和悉心的教导。实际上，对于写作，我们大多老师都是心存畏惧的，不敢写、不会写，也不想写。每当有老师写出美文时，郭教授总会第一时间在群里给予反馈；当老师们犹豫不决、无从下笔时，郭教授就会不断激励我们："文章都是逼出来的，老师们不要畏难，加油！"正因如此，才有了这份不同寻常的惊喜。我们都知道，这本书并非艺术导师制培训项目中的既定内容，它是郭教授怀着满满的心意赠予我们的一份珍贵礼物，也是一份沉甸甸的、凝聚着众人智慧与努力的艺术导师制培训成果。

本书由温暖的叙事、理性的思考、创新的课堂三个部分组成。书中有老师们在教育教学中亲身的经历与深刻的感悟，分享为孩子点亮心灯的幸福瞬间，充满对教育的热爱与温情；有老师们思考美育在音乐、美术等学科中的具体体现和价值，以及如何在学科融合的理念下进行艺术课堂的实践探索，思考美育浸润行动的深度和有效性；还有老师们积极探索色彩、学科融合、传统审美文化转化等方面的教学新模式，以及打造彰显活力的艺术课堂的新思路和新方法。

这些文字或是真情流露，有感而发；或是基于思考，探索研究。无论是温暖的叙事，还是理性的思考，抑或是课堂上的大胆创新，都为我们呈现了一幅丰富多彩、充满生机的美育画卷。

一段宝贵的经历——这就是最好的美育浸润

导师制培训重在"过程"。在持续的学习、培训过程中，成员们不仅收获了知识、开阔了视野，更重要的是在导师身上学到诸多珍贵的品质。于点滴之中感受美，在互动之间创造美，美育浸润就这般悄无声息地进行着。

学思维。犹记得，在培训之初，郭教授总会提出一个又一个问题。比如"我今天育人了吗？""我是育美，还是育丑？""教学的必要性是什么？""可行性又是什么？"

问题即是指引。这一个个问题，不断引领着我们冲破那些习以为常的固有思维，逐渐开启一个全新思考模式，引领着我们以辩证的视角去审视自身、审视过往，打破那些被惯性所控制的常规动作。在那些模式固化的教学设计里，在那些习以为常的课堂事件中，在那些逐一忽略的教育点滴后，是否都藏着一个个珍贵的宝藏亟待我们去发掘？随着问题的指引，我们开始逐渐尝试构建高阶的思维——辩证思维。保持有意识，保持自我觉察，不单单是随波逐流，而是带着"为什么"去辩证真伪，进而更好地提高教学的质量。

思维方式的跃升是教师专业发展中的重要突破口，是教师提升研究能力的重要环节。浸润式的导师制学习，通过梳理、反思、写作的训练，突破了常规的教学方法和策略，以更广阔的视角、更深入的思考去分析教学中的问题和机遇，促使教师不断反思自己的教学行为，敢于否定和批判过去的不足，从而不断改进和提升教学质量，助力教师更好地应对教育领域的变革和挑战。

学育人。立德树人是我们每位教师的神圣职责。郭教授在培训中常常教导我们，作为一名艺术教师，应当常常反思：我们到底是在进行无美之教、小美之教，还是要追求大美之教，美美之教？从育人的视角出发，基础教育的音乐课堂并非致力于培养歌唱家，而是要培养爱唱歌的人。我们要让孩子们从起初的敢唱，逐渐过渡到会唱，最终达到爱唱的境界。

教育的本质是育人，是唤醒灵魂，是点燃希望。我们要深入探索教育的真谛，挖掘每位孩子的潜能，关注他们的全面发展。以爱为底色，用耐心和包容陪伴孩子成长。在这股清流的引领下，我们不断反思自己的教育方法，不断调整教学策略，努力营造充满活力和创造力的课堂氛围，让孩子们在轻松愉悦中感受音乐的魅力，激发他们内心对美的追求和对生活的热爱。

学真诚。写作是困扰我们一线教师的老大难问题之一。我们虽有着丰富的实践经验，但对于如何将这些实践经验整理成论文，我们毫无头绪。于大多教师而言，写作应该用更加学术、专业、规范的文字来呈现，无奈笔头功夫不够过硬，很多时候写论文会出现磨洋工、挤牙膏，最后不了了之的情况。

郭教授以自身的经历向我们展现了一条写作的成长路径。培训结束后，他总会给大家布置"作业"，帮助大家及时抓住一个个"心动"时刻，并用文字记录下来。而这些"作业"，并非仅止于完成。对于老师们上交的每一份"作业",郭教授都会一对一地进行指导,并且经过修改、调整,最终过审的"作业"还能够荣登"音为有爱"公众号,与全国艺术教育同仁们交流分享。郭教授用真心做实事的"真功夫"让老师们佩服,老师们也从中收获了对于写作的方法和信心。而这本书则是郭教授在大家完成一份份"作业"之后,推出的升级版美育浸润行动。

在郭教授真诚的引导、用心的指导下,导师制培训班的老师们纷纷感慨:"在短短的时间里,所写的文章比以往工作几年、十几年加起来还要多。"对于写作,大家也从最初的头皮发麻,到越来越多地有感而发。在郭教授这儿,我们解锁了一个新的技能——"真功夫"。从"真"出发提升我们的觉察能力,做一个有意识的老师,去发现、梳理那些曾经被我们忽略的精彩点滴。记录真实的事情,表达真实的感受,于是写作就成了不吐不快、水到渠成的事情。

学坚持。初识郭教授,源于"音为有爱"公众号。单是其名字,就极具吸引力。关注之后,更发现其中发表的文章,皆能让人获益匪浅。令人惊叹的是,这个拥有10万关注者的公众号,竟是郭教授多年来独自一人坚持运营而成。

十年树木,百年树人。美育浸润,关键亦在坚持。《美育浸润的艺术课堂》这本书,正是我们在郭教授的手把手教导下,一步步领悟如何坚持、思考以及表达的历程,也是"以美育人先育己"的生动实践。此书既是对参与瑶海区导师制培训的全体成员努力付出的肯定,也是我们导师制培训全体成员温馨的回忆录,更是瑶海区导师制沉甸甸的培训硕果。正是因为有郭教授坚持不懈的引领、指导与协助,本书才得以顺利完成。

正如郭教授所说:"一辈子从事美育工作,让灵魂与美善相遇相依,让生活变得真诚纯粹,这是我生命中最美好的事情。"

于我们而言，瑶海艺术导师制的学习旅程亦是一场美育浸润的心灵之旅，《美育浸润的艺术课堂》就是这趟旅程中的一叶扁舟。在这段旅程中，在文字与思考中，我们不断感受美、追寻美，当沉浸其中时，我们的内心也因美而柔软与丰盈。"以美育人先育己"，作为美育教师的我们，必将怀揣这份真与善，去点亮千千万万个美好心灵。

《礼记》中说："善歌者，使人继其声；善教者，使人继其志。"在潜移默化中感受着一种温度，在点点滴滴中体会着一种力量，这就是在过程中浸润，在浸润中成长。

Contents 目录

上　温暖的叙事

003　丰盈自我，才能浸润学生/毕婧
008　致最"美"的遇见/陈晶
013　让美育之灯照进学生的心底/陈晶
018　特别的爱给特别的你/方玉婷
023　为孩子点亮心灯，那一刻我最幸福/高洪
028　成长之路，履践致远/高洁
035　你还是那个公开课上稚嫩的演员吗？/李明梅
040　我想，此刻美育浸润正在发生/刘玲琳
048　作为音乐老师做班主任教语文的那三年/马敬
053　我的追光故事/孙苗
058　以爱之名，绘制成长画卷/陶梦非
064　教师的光是指引孩子的方向/王冠男
068　在话剧浸润中师生共同成长/王诗璇
077　我与"有墨安徽"的水墨缘/张华利
083　努力成为一名了不起的音乐老师/张雨娜
088　一路花香，只因心中有爱/周盼盼
093　以爱育人，静待花开/周盼盼

中　理性的思考

099　美育浸润行动下音乐教育何以"育美"/陈亚运
104　以"情"入境，"生"临其境/陈亚运
109　发掘小学美术第一学段"设计·应用"课堂中的美育价值/樊睿
114　基于学科融合理念的艺术课堂实践探索/方慧琴
121　润物无声，美自在我心/胡其旸
130　美育浸润行动，我们走心了吗？/李静静
135　让音乐教育真正成为美育/李静静
140　在艺术课堂中绽放的笑脸/李晓朦
145　任重道远的乡村学校美育/陶静
151　参加优质课比赛的经历与感悟/汪古月
160　教师的格局就是孩子心灵窗户的开关键/王冠男
164　艺术课程何以浸润学生心灵/王婧
169　音乐课堂上学生从众现象探析/王雨昕
174　让美育浸润在艺术课堂落地生根/薛慕迪

下　创新的课堂

185　色彩与道德的美育交响/陈齐媛
190　这场"雨"浸润了孩子们的心灵/樊睿
194　开学第一课——春晚中的那些美/高洪
201　小学音乐与美术的学科融合之旅/马敬
206　核心素养视域下美术生活化教学的思考/陶梦非
212　打造彰显活力的艺术课堂/王雨昕
216　传统审美文化心理在美育课堂中的转化路径/谢淑娟
227　如何将"吵闹的课堂"转变为"活力课堂"/徐培恒

233　后　记

温暖的叙事

丰盈自我，才能浸润学生

毕 婧

一、初出茅庐

大学毕业后我任职于县城一所小学，新入职的我激动又忐忑。激动的是所学终于可以有用武之地，忐忑的是不善言辞的我能不能管住这群叽叽喳喳的"麻雀"。还好一切顺利，有学生因为我课堂上的一首歌感动落泪，有学生为了争取合唱团的领唱下课来办公室唱歌给我听，当然，我也有被课堂纪律烦心到请来班主任的"悲惨"经历。

四年时间过得简简单单，没有上过一节公开课，没有参加过一次教研活动，也没有参加过一次教学类比赛。曾经我以为我会一直在小县城里过着一眼看到头的生活。

二、自我成长

2013 年，由于种种原因我从县城来到了省城。到这里我才发现老师有机会参加区级、市级各种教研活动，听着培训专家的讲座才知道与时俱进的教育理念和实践的联系，观摩了各种优质课才知道原来音乐课还可以这样上。

此后，我参加了区级、市级各类比赛，这是经验的积累，更是对自己站稳课堂的历练。在常规课堂教学以及各类比赛的经历中，我自己也有了一些对课堂以及比赛的理解。

2021年，我有幸参加了安徽省中小学音乐教师基本功大赛，比赛的过程给我留下了非常深刻的印象，可以说这是对我影响巨大的一次比赛。很惭愧，在决定参赛时我是被动的。原因有多方面，如工作已有十余年，逐渐进入职业倦怠期；当时孩子太小家庭负担重；等等。学校要求上报的人员去参加区级比赛的选拔，作为教研组长的我理应带头参赛，在决定参赛的那一刻，我颇为忐忑。

比赛分为六大项，即声乐、钢琴、第二特长、合唱指挥、即兴伴奏、理论，可以说是把大学里所有学过的专业都拿出来"遛"一遍。对于专业平平的我来说，怎样选曲、如何表现作品、怎样补充弱项是需要思考的问题。从决定参赛的那日起，我每天泡在学苑校区音乐教室和自己死磕。在顺利进入市赛后，区教研员许老师为参加市赛的四位老师组建了专业备赛团队，有老师的指导，有同伴的鼓励，枯燥的练习也能让人感受到温馨。

市赛一切顺利，很快公布了名次，同时通知前五名将进行第二轮选拔，其中两名将代表合肥市参加省赛。接到通知时既是开心的，也是崩溃的，这意味着我们将继续每天的打卡训练。其实对于我来说，能获得市一等奖已经很知足了，意外地有了参加更高一级比赛的机会，我告诉自己一是端正态度，二是放平心态，不求结果，尽力做好。和我一同参赛的朱老师是一位专业、严谨、认真的老师，在比赛过程中给了我很大的帮助，我和朱老师一同进了省赛。

而接下来，是更加高强度的训练。合肥市中小学共四人参加省赛，市里请了专家老师给我们辅导，从钢琴曲的音乐表现到演唱时的肢体表情，再到即兴伴奏的和声编配，几天一次拉练，比赛所有项目上台展示一遍，这对于不善表现的我来说真是巨大的考验。省赛增加了笔试，从中西音乐史、乐理、和声到美育政策，我找了各种参考书与文件材料，就算是在上下班的途中，我也是戴着耳机播放着音频文件，所下的功夫丝毫不逊于考编。其实努力后，结果倒显得不那么重要了。

在省赛中我见到了很多非常优秀的选手，印象最深刻的是来自安庆的一位盲人音乐老师。即兴伴奏是现场抽题,她让工作人员给她读谱,她用盲文记录,识谱练习后完成了即兴伴奏比赛,并且她的每一场比赛都获得了台下热烈的掌声。和她的付出比,我们自愧不如。

这次比赛给我带来的不仅仅是专业上的提升,更重要的是让我增强了舞台表演的自信心。在备赛的过程中,我体验了坚持、认真、努力的品格与态度,这对我以后的生活和工作都有着深远的影响。

三、 教学相长

一年又一年,我对音乐教学,乃至对美育,有了更多的经历与思考。与其说是我在教书育人,不如说是和孩子们一起成长。

现在我面对的是初中阶段的孩子,他们与小学阶段的孩子比,有了更多自己的思考。音乐课的纪律要求一般比较宽松,我们进行的美育其实也是让学生在繁忙的课业间隙有一个放松的时间。在面对上课时学生接话茬,而所说的又不是你想传达的意思时应该怎么做?首先,孩子们不是一个个萝卜,他们是有自己的思想的,老师要做的是引导而不是遏制。

比如有一次,在课堂上说到我国某首少数民族音乐时,有一个学生大声说:"这首曲子太难听了!"当然这是可以理解的,因为这种音乐作品与他们的生活相去甚远,那我就让学生来说说对这首作品的看法,为什么我们的课本会选用这首作品。有的学生就会分析这是某个少数民族的音乐代表作品,音乐的产生是和社会环境、地理环境等相关的。而少数民族的音乐独特的旋律、节奏和乐器,为现代音乐创作提供了丰富的素材和灵感,推动了音乐艺术的发展。

我们读书是为了明理、明事、明德,可以有自己的喜好,但是必须理解和尊重民族多元文化,而文化多样性是人类社会的重要财富。相信在这样的引导下,学生会对音乐学习的认知有一个新的高度。

学校的社团活动一直在开展中，我是二胡专业，在学校的支持鼓励下开设了二胡社团课。二胡是个相对小众的乐器且难度大，选择这门课的孩子需要自己购买乐器。我心想，喜欢二胡的孩子应该不多吧，毕竟它的声音听起来深远而忧伤，和现在快节奏的社会生活格格不入。没想到有十几个孩子报了名，并且第二节课就把乐器带到了课堂。在社团课上，我真切地感受到了他们对于音乐的喜爱。哪怕乐器难度大，哪怕课业繁忙，他们愿意去练习，并且在经过一段时间的学习后，能够自己去尝试识谱，演奏自己喜欢的音乐作品。

前两年，学校举办了一次线上才艺大赛，学生通过录视频的方式参赛。在评作品的时候，我惊喜地发现社团的两位同学用二胡参加了才艺大赛。虽然在众多高手中他们不是出类拔萃的，但是仅有这两位同学是在学校社团学习的乐器，我真心为他们的学习成果和展现自我的勇气感到骄傲。

学校在八年级的期末为社团的孩子们举行了一次会演，孩子们在舞台上闪闪发光的样子羡煞旁人，相信音乐会一直伴随着他们。而我在带社团的过程中，实现了民族乐器传承的小小一步，从孩子们的身上，我看到了他们对音乐的热爱与渴望，看到了他们对生活的热情与期待，这会一直感染着我、温暖着我。

今年我在七年级的音乐课上加入了课堂乐器口琴的教学，34班有个帅气的男生，他的长刘海快要遮住眼睛了，看着酷酷的，但是练习口琴的时候特别认真，不懂的地方还主动举手问我。我也经常请他做课堂展示，每一次他都能完成得很好，当然我会毫不吝啬地夸奖他。偶尔一次听到其他老师谈论他，竟然是一个"问题少年"，不喜欢学习，还常与老师发生冲突。我非常吃惊，和同事们讨论了这位同学在音乐课上的表现。我认为一个喜欢音乐的孩子是善良、细腻的，自那以后我在课堂上特别关注他，希望他能在音乐课上找到自信，继而能在学习和生活上端正态度。

可能是因为音乐是感性的，也可能是因为年龄的增长让我对孩子们多了些耐心与关爱,希望他们能够乘着音乐的翅膀,健康快乐地长大。

四、 静待花开

十几年来,音乐教学给了我许多深刻的感悟。音乐不仅是一种艺术形式,更是一种跨越文化和语言的沟通方式。通过音乐教育,我不仅能传授知识技能,还能与学生们一同分享音乐带来的喜悦和感动,内心世界得以充实。每一次看到学生在音乐中找到自信和快乐,都是对我最大的奖励。这些经历和感悟不断激励着我成为更好的音乐教师,和学生们一起感受音乐带来的情感触碰,帮助更多的学生发现和追求他们的音乐梦想。

静待花开,相信会更好。无论是我,还是孩子们。

(作者单位:合肥市行知学校)

致最"美"的遇见

陈 晶

时光的齿轮,拉扯着四季,"吱呀吱呀",六年转瞬即逝,当初的那群小萌娃,也转眼间成长为稍有个性的小小少年。每每想到这群孩子,特殊的情愫便如花开一般绽满心头。

"陈老师,你知道我叫什么名字吗?"一个怯怯的声音传来。

"当然记得,你叫张××。"听了我的回答,这名女生腼腆地笑了。其实,对于承担9个班音乐教学任务的我来说,记住学生的名字是件挺难的事。尤其在音乐课上,她是那么普通,音色平平,表现力平平,甚至练唱的时候都未曾和我有过眼神的交集,普通得都没给我留下什么印象。直到有一天,她把自己创作的歌词拿到我面前时,她走入了我的视线。

那是在一节音乐课时,我正带领孩子们唱着《孤勇者》《如愿》《有我》,和大家分享词作者唐恬的人生经历,惊叹于她的才华与热爱,感叹于她的坚韧与勇敢。课堂浸润在这份纯粹的感动中,一向沉默寡言的张同学站起来说:"老师我也创作过歌词。"我立刻鼓励表扬她,并请她下课后把歌词给我欣赏一下。

暗

黑暗中,有着一束光,还没等把它收藏,
可惜它终会,消失得透彻,
等待它的时候,我的泪会滴落,让我别再等,
屋外的光影照了一天,是我落的泪花,
就算等待让我失去手中所有的筹码,

> 这样吧，别忘了，我还期待啊，
> 可是你，却永远不会来看啊，
> 悲欢，都化作云烟，只要我不去看，
> 让它消失在梦境，明天就有新光景。

我仔细看了歌词内容后，既欣喜又不免担忧——欣喜的是她有一颗追寻美的心，同时又担忧她的状态。再三斟酌后我对她说："你真的有作词天赋，但老师觉得你的歌词可以再积极一点，阳光一点，如果你生活中有什么不开心的事可以随时来找我，我会尽力帮你的。"那孩子懂事地点点头，回教室去了。后来的那些日子，她碰见我都会微笑地和我打招呼，课堂上，她也不再是低着头沉浸在自己的小宇宙了，而是认真听分享的一些故事，会心地点点头。有一次，她兴奋地追着我说："老师，我马上要参加一个声乐比赛，还要录像呢！"看着她眼里有光的样子，我由衷地为她高兴："太棒了，祝你成功啊！"

普通不是平庸，是每一个蓬勃的生命力，真正的美可如初雪般轻盈灵动，亦可如融雪沉没于土壤，滋养草木根系。在美的滋养下，我们总能看见，生命的蓬勃生长。张同学身上点点滴滴的变化，让一位音乐教师的职责与意义在此时得到了彰显。

"老师，我又创作了歌词，您帮我看看吧！"这一次，不再是怯怯的声响。

风

> 用一缕阳光，一瞬温暖，看着世间所有美好，
> 早知命运无对错，期盼无结果，却不知哪一天微风，
> 你来过，用几分幻想，来交换另一份愿望，
> 以为坚持是回忆，最好的选择，
> 借我一缕光，去寻找自己的梦想，却消失在微风吹过，

> 用几分舍得，来交换另一半梦想，以为坚持是回忆，
> 最好的幻想，就去看看吧，
> 它会变成一个你的期望啊，它会指引你的方向。

再次欣赏她创作的歌词，我的内心被触动了，在字里行间，我看见了她的脱胎换骨——愿意相信这世间的美好，愿意找寻自己的梦想。音乐课上，她总能投入地演唱歌曲，课间她与同学有说有笑，遇见我时总能亲切地和我打招呼，每一个新年我总能第一个收到她的祝福。原来，对于青少年的成长而言，美育从来不是调味品而是刚需品，不是锦上添花而是魂魄所在。看着这孩子因为音乐，因为我的呵护而变得那么不一样，我在心里暗下决心，我愿成为照亮孩子们前行的一束光，在迷茫时，能指引他们前行的方向！

小影，是我最近才关注到的一个孩子。一次音乐课下课，她追着我说："老师，我想把刚才学的那首歌唱给你听听。"我把她请到办公室，听到她的歌声我很诧异，原来她音准这么好，声音也很温柔。我对她说："你唱得这么动听，老师以前都没发现，真是不好意思。下节课你愿意在班级展示一下吗？"女生摇摇头，我又说："没关系，如果你下次还想唱歌，就来我办公室给唱给我听。"她笑着点点头回班了。当她第二次来我办公室时，她有点腼腆，支支吾吾老是不开口，这时旁边的同事（也是小影的班主任）开口了："没事，你唱吧，我也欣赏一下。"这时小影才开口唱了起来，原来她是怕班主任讲她，此时，她放心地唱了起来。班主任听后，肯定地说："歌声很清亮，像百灵鸟一般。"小影听后，害羞地跑出了办公室。

后来，再一次课间，我收到了小影的纸条："陈老师，我下课后去你办公室唱《小美满》，我真的很喜欢音乐，我每天在家都会听或唱 1 个小时。"多么可爱的孩子啊，我猜想她只要每天能接触音乐 1 小时，那些学习上、生活中的压力一定会得到很好的释放。后来和班主任交流了这孩子

的学习情况后,我更加坚定了我的看法。原来,她每天上课状态都不是很好,学习也不够积极主动,偶尔还会在上课时开小差。

于是,一次音乐课上,我找机会说了这样一番话:"人一定要有兴趣、爱好,体育类、艺术类、语言类都行,找到自己最擅长的、最感兴趣的,一直坚持下去,这样的你才会觉得生活是有意义的!老师希望你们都能成为热爱生活、热爱生命的人,芸芸众生、普通烟火是大部分人的生活状态,但是对一些人来说却是心之向往、求而不得的生活呢!病房里,看看疾病缠身的人,急诊室里,意外的发生……我们要珍惜这平平淡淡、健健康康的生活,热情地面对每一天迎接你的灿烂阳光!"讲完这段话后,看到大部分学生有所触动的样子,我特别欣慰,因为我知道,这就是我生命的意义与价值!我也知道肯定会有学生没有听进去我的话,或者是暂时还不明白我的话,但又有什么关系呢?我还有好听的音乐,触人心弦的歌词,当我们的音乐课上,流淌着美妙的音符,哪怕只是让他们放松那40分钟的身心,我也会感到无比幸福!因为,我深深知道——艺术之于人的作用,也许看不见摸不着,但实实在在地存在于内心,唤醒它,滋润它,才会慢慢散发出诱人的香气。

这学期,我把毕业班的教学内容调整了一下,给他们拓展了一些课外歌曲,学生都很感兴趣。当我们在学唱《上春山》时,惊叹于作词者把那么多古诗词融入歌词中,使得整首歌一句一景,于是我布置了跨学科作业:发现藏在歌词中的诗词;当我们学唱《像你这样的朋友》时,和孩子们分享几位歌手从业多年的心愿就是走上春晚的舞台,并且为之不断努力,在朗朗上口的旋律中,孩子们逐渐明白:人一定要有梦想,万一哪天实现了呢?坚持热爱、坚持梦想,终有一天你一定会成功;当我们学唱《仰望星空》时,我会和学生们分享:我们要有仰望星空的浪漫,也要有脚踏实地的幸福;当我们学唱《小美满》时,在温暖人心的歌词中:有时候停下来,看看路边的小花,驻足听一首好听的歌曲,这些都是生活中的小美好,人生小满即万全!

几千年前,孔子就提出"兴于诗,立于礼,成于乐",强调审美教育对于人格培养的作用,美是有力量的,没有美的教育是不完整的教育。

来吧,携一卷清浅踏浪而歌,挽一袭花香远远走来,作为美育工作者,让我们始终怀有"仰天可观白玉之光"的精神,低头深耕美育这片沃土,让美育的光芒点亮每一株向阳而生的花朵!

(作者单位:合肥市胜利路小学)

让美育之灯照进学生的心底

陈　晶

"将美育融入教育教学活动各环节,潜移默化地彰显育人实效,实现提升审美素养、陶冶情操、温润心灵、激发创新创造活力的功能,培养德智体美劳全面发展的社会主义建设者和接班人。"这段话出自2023年12月20日《教育部关于全面实施学校美育浸润行动的通知》。人民满意的教育是美的教育,在教育强国的新征程上,作为一名美育工作者,我感受到前所未有的使命感和自豪感!

有幸听了郭声健教授的几次讲座,"今天你的音乐课堂育人了没有?"郭教授真诚恳切地向我们发问,令我不禁开始审视自己:自己是一名称职的音乐教师吗?有信心在当前的大环境下做一名合格的美育工作者吗?

一、美育如日月之明，照亮梦想之路

犹记得与表妹的一次谈话让我真正意识到自己从事教育工作的意义和价值。她轻轻地说:"姐,其实你对我影响挺大的,只是我一直没和你说过而已。"她是我大学毕业后的第一批学生,当时三年级的她刚刚接触音乐、钢琴、基本乐理……她像一朵久旱逢甘霖的小花,尽情地在音乐的世界里生长着,也许是某一个演奏瞬间激起了她对音乐的喜爱,也许是我对音乐教育的执着感染了她,总之一颗关于美的种子就这样悄然发芽,多年以后,她也成了一名美育工作者。当她满心欢喜地向我传来她在教学技能大赛中获市级一等奖的好消息时,我的眼眶湿润了,也许这就是我坚守的意义——在别人的生命里找到自己的价值——执美育之灯，让梦想之美优雅绽放。

二、美育如落英缤纷，抚慰受伤心灵

从教 17 年来，我遇到过形形色色的学生，也许在他们的求学生涯中，我只是匆匆过客，但总有那么几个孩子，让我忍不住牵挂。2008 年 5 月，刚刚加入工作的我对未来充满好奇与热情，但现实却给我浇了一盆冷水。在村小的两年生活中，我看到了乡村美育的贫瘠，孩子们没有系统地接触过音乐，在那样的环境下，我无计可施，只是按部就班地教唱歌曲，带孩子们做做游戏、手指操、律动，但孩子们新奇渴望的眼神，让我心里暗下决心——一定要让他们接触更多的音乐形式，在音乐课上，让每朵"花"都能在阳光下美好地绽放。

令我印象最深刻的是张同学。他性格内向木讷，从不与别人交往，一个人孤零零地游走在集体之外。他是一名留守儿童，由奶奶一人抚养长大，父母常年不能陪伴，让他在学习和生活中找不到快乐和自信。时至今日，我还清晰地记得与他谈话的经过，问他什么都不回答，不愿与我交流。面对这样的情况，我一筹莫展。仔细思忖后，我想到用音乐的力量重燃他的自信。一次课间，我无意中听见这孩子怯怯地哼唱着我课堂上教给大家的一首歌，童真稚嫩的嗓音让我十分惊喜，我立刻热情地表扬了他唱得准，嗓音好听，其他同学也不住地赞同着，小张同学竟然露出了不好意思的笑容。我又因势利导，让大家给张同学找优点，同学们在我的目光下热情地为他找出了三大优点：做卫生工作认真，不与同学争吵，遵守纪律。后来，每次音乐课，我都会用期盼、赞赏的目光望向他。渐渐地，他在音乐课上更加积极，更加愿意表现自己了，有时我甚至会请他领唱。当小张同学清亮的嗓音萦绕在教室里时，我陶醉了，陶醉在美的世界里。教育是美好的艺术，是温暖的修行——用灵魂去感染灵魂，才能使教育的选择更多样，成长的道路更宽广——执美育之灯，让生命之花一路芬芳。

三、美育如天地不言，指引勇毅前行

现在，我工作8年的小学是区随迁子女学校，孩子的音乐素养并不高，家长们忙于生计，关注孩子较少。杨同学走入我的视线里。他家境困难，父母离异，一直由爸爸抚养。一次音乐课上，他与同学的对话让我非常震撼，我隐约听到他想当歌手的梦想。我心想：这个孩子在音乐课上从没表现得积极主动，竟然梦想做歌手，我以后一定要多关注。后来，我发现他音乐课都不怎么抬头，小心翼翼地唱着歌，小心翼翼地与同学相处。我会装作不经意地提醒他，唱歌时要抬起头，自信地演唱，如果情感能投入到歌曲中就更好了，音乐上有什么不懂的可以到我办公室问我。他是一个谦卑得让人心疼的孩子，从不会给老师添麻烦。之后，学校的一次活动让我有机会"光明正大"地鼓励他、肯定他。活动现场很温馨，学校也来了很多爱心人士，其中的一个环节是孩子们把梦想写到卡片上，送给爱心人士，杨同学的梦想卡片写着：成为一名歌手。他还和爱心人士大方地聊天，聊起自己的偶像是周杰伦，聊起周杰伦的音乐成长故事，爱心人士很感动，鼓励杨同学与她合唱一首歌，杨同学欣然同意了。这是我第一次听到他的歌声，虽没么动听，却很动人，他腼腆的、略带紧张的情绪也被我看在眼里。演唱结束后我对他说："杨同学，你的歌声很动人，坚持你的热爱，老师相信你的梦想一定能实现！"杨同学看着我坚定地点点头。现在的音乐课上他会积极地投入音乐之中，会抬起头与我对视，会面带微笑地演唱歌曲。看到他眼睛里越来越清亮的光，我无比地开心——教育就是一场最美的遇见，在躬耕田野中，我们要勇担育人使命，用爱心唤醒自信、润泽生命——未来的路还有很长，希望我能执美育之灯，为他照亮前方的道路！

　　小馨是个灵动、漂亮、天赋极高的孩子，一年级刚代他们音乐课时，我就惊叹她的嗓音条件是那么好。二年级时，担任学校合唱团领唱的她，每次舞台表现都令大家印象深刻。我总觉得这样的孩子是没有烦恼的，直到四年级时的一次音乐课，我猛然间发现，她在回避我的目光，下课也是闷闷不乐的。通过与科任老师沟通，才知道她的数学成绩很不理想，应该是在学习上找不到自信。每周两次的音乐课上我会请她为大家演唱歌曲，每当她表演结束，大家都会为她鼓掌，而我也会给她竖起大拇指，慢慢地，她又变回了以前的那个开朗、自信、阳光的女孩。今年的合唱比赛开始前，我到她班级通知她参加训练，科任老师很无奈地说："哎，这孩子就算要走艺术这条路，文化课也要过关呐！"看到小馨无助的表情，我无比心疼却又无能为力，难道学习能力弱的孩子真的就没有出路了吗？当我看到站在舞台上领唱的她闪闪发光的样子，就想到一句话："有的孩子春天开花，有的孩子冬天开花，也许有的孩子是一棵树，它不会开花呢？"

　　手机上的一条信息又让我陷入沉思，是小馨的妈妈发来的。"陈老师，孩子现在每周都要去合唱训练吗？我怕她因此落课，因为孩子现在成绩很不理想。""如果耽误上课的话，我就不想让她去唱歌了，因为她马上六年级了，还是以学习为主，还望陈老师理解。"

　　"应该不耽误她学习的，孩子很有天赋，家长还是要支持她，她是可以在歌唱中找到自信的！孩子特别棒，期待她的绽放！"这是我的心里话，不知道孩子的家长能听进去多少。从小馨二年级时我就一直与她妈妈有沟通，之前她是位很配合的家长，这是她第一次说不让孩子参加合唱了，从家长的语气中我听出了她的无奈与焦虑，我也很理解这位家长，但我想不通的是孩子这么有天赋，难道就不能为她打开另一扇门，让她坚持自己的擅长与热爱吗？正如2024年度全国教书育人楷模王旭校长所言："世界上没有完全相同的两个人，地球上也没有完全一样的两片树叶。孩子之间，没有差距，只有差异。让喜欢射箭的孩子射箭，让喜欢下棋的孩子下棋，相信学生，激发孩子各自的天赋、潜能及梦想，才能鼓舞每个孩子的希望！"

郭教授提醒每一位音乐教师要有这样认识和站位：音乐教育的终极目标是浸润心灵，而能够浸润学生心灵的一定是鲜活的音乐与生动的实践，而不是碎片化的知识与无情感的技能。我会在下雪天调整教学进度，安排孩子们学习《堆雪人》，鼓励他们下课后去堆一个可爱的雪人；会在春天时提醒孩子们可以边找春天边唱《小鸟小鸟》，尽情地在大自然中感受春天的变化；会及时拓展孩子们熟悉的歌曲，让学生在优秀的音乐作品中捕捉歌曲中的美好与祝愿。

作为美育路上的"赶考人"，我们一定要成为"美"的化身，用一颗满怀热忱的心将美育责任田深耕细作，让孩子们真正感受美、理解美、享受美，执美育之灯，去照亮更美的生命之花。

（作者单位：合肥市胜利路小学）

特别的爱给特别的你

方玉婷

"老师（si），你（nei）怎么不上我们班的课？"
"老师，今天有你的课。"
"老师，这幅画送给你。"
……

在这充满活力的校园里，这些纯真无邪、直白又温馨的话语，如同天籁，在操场的风中轻扬，在楼梯间的回响中跳跃，在走廊的拐角处悄悄绽放，更在我心间温柔地徘徊。它们不仅仅是孩子们稚嫩言语的堆砌，更满载着对音乐老师最纯粹、最炽热的情感表达。

转眼间，我已在这方音乐的田野上耕耘了十七载。这看似平凡的职业，实则蕴藏着无尽的宝藏。是音乐，那跨越年龄与界限的奇妙语言，悄然搭建起我与孩子们心灵相通的桥梁；是音乐，如同清泉般滋润了我职业生涯的每一个时刻，使之成为我幸福与满足的源泉。而这一切故事的起点，还得从那些在音乐世界中熠熠生辉、独一无二的孩子们说起……

一、特别的爱心，唤醒潜能日日新

小棉袄，这位纯真无邪的女同学，以她那稚嫩而略带含糊的嗓音，每日如约而至，带着对世界的好奇与渴望，轻声细语地向我提问或温馨提醒。"老师，这节是你（nei）的课。"预备铃声响，她在楼梯口步履蹒跚地向我走来，指尖拉起我的手。我一边回答一边从随身口袋里掏出纸巾给她擦去挂在鼻子上的鼻涕。"打预备铃了,你在座位上坐好,今天我们要听一首有趣的歌曲呢。"

那年的九月,阳光炽热,我们的缘分悄然开启。初见时,她有着白皙的皮肤,大大的眼睛,口齿不太清,却丝毫不影响她的可爱。说实话,我不想放弃每一个孩子。她上课时不说话,也不捣乱,满桌子都是书、文具,小手不停地忙着。一年级的每节课都离不开习惯的培养,在课堂上,我既是严师亦是慈母,于细微处寻觅她的闪光点,哪怕是一个专注的眼神,都足以成为我表扬她的理由。因为,那对她而言,就是宝贵的起点。

转眼一个学期过去了,上音乐课时她的桌面已是干净有序,我说话的时候她也能专注地看着我。我找了很多有趣的乐曲,在课上播放,让孩子们感受、体验音乐带来的快乐。低年级小朋友们最感兴趣的是动物,她也不例外。《三只小猪》《袋鼠》《大象》《小象》……我用通俗易懂的语言设谜语请他们猜动物,再根据音乐的各种要素让孩子们想象此刻动物的表情、神态。我每次都分析得很细致,孩子们都能从中体验到情绪情感,对于小棉袄来说,这也是能做到的,而且她还喜欢简单的模仿。在音乐欣赏的各种体验中,我都鼓励她去模仿表演,因为只要她乐于参与到音乐学习中,就是可喜的进步。

春去秋来,二年级的她对音乐课充满了期待,每天在走廊上看到我都拉着我的手,分享有音乐课的喜悦。为了让孩子们保持对音乐课持久的兴趣,提高孩子们的音乐素养,我会变着法子每节课带不同的打击乐器,让孩子们摸一摸、敲一敲、演一演。那些色彩斑斓、音色各异的乐器,不仅激发了孩子们的好奇心,也让小棉袄找到了展现自我的舞台。每当发现她的点滴进步,我总是不吝赞美,并以此为奖励,让她亲自体验演奏的乐趣。在每一次尝试与挑战中,她的勇气与自信悄然生长,每一次展示都是她心中成功的种子在萌芽。

如今,小棉袄已成了我不可或缺的"小棉袄"。她主动回顾学习内容,提醒我课程安排,甚至在我教授其他班级时,也会静静守候在外,聆听那熟悉而温暖的音乐旋律。每当喜悦或成就降临，她总会紧紧依偎在我身旁，与我共享那份纯真的快乐。这份超越师生情谊的温暖，如同冬日里的一缕阳光，温暖而明媚，照亮了我们共同走过的每一段旅程。

二、专属的耐心，激发优势节节高

积极心理学领域公认专家莉·沃特斯在《优势教养》一书中深刻揭示：许多父母易陷入消极认知的漩涡，盲目比较，忽略了孩子独有的光芒。同样，教育园地中，我们亦应避免单一标准下的偏颇评判。每个孩子都是独一无二的星辰，其能力与潜力静待发掘。

我矢志不渝地追求让每个孩子都能自信闪耀。我深知每个孩子拥有不同的优势领域与独特成长轨迹，小学阶段更是难以预设其未来的辉煌篇章。因此，我秉持成长型思维，尽力为每个孩子量身定制"从优势启航"的成长阶梯，助力他们展翅高飞。

转到新学校的第一节音乐课就邂逅了传说中的"小天王"。三年级的他，游离于课堂之外，行为不羁，歌声虽显勇敢却略有跑调，引得阵阵笑声，课堂秩序频受挑战。他穿着普通，但是衣服沾满了污渍，手指甲乌黑乌黑，身上还有一股不好闻的味道。课堂上，我细心地观察"小天王"，发现孩子没有特殊问题，体格强健，性格淳朴。课下，我及时找孩子问询了家庭情况，同时通过班主任老师了解到，原来孩子的种种表现都和孩子妈妈有关。这位妈妈一个人带孩子，不仅不配合班主任做好管教孩子的工作，还经常以老师对孩子不好、不公平为理由，和班主任赌气，不让孩子来上学。久而久之，孩子对待任何一门课都无所谓，多个科任老师都表示很头疼。第二节音乐课，我毅然决然给予"小天王"一份专属的信任与责任——任命他为组长，负责音乐书籍的收发。这份意外的"荣耀"，让他眼中闪烁起前所未有的光芒。我细心捕捉他的每一点进步，无论是端正的坐姿、专注的眼神，还是尝试跟唱的勇气，都给予及时的肯定与引导。渐渐地，他在音乐课上找到了归属感，纪律性显著增强，自信心悄然萌芽。同学们的态度也随之转变，他成为大家眼中的"转变之星"。

我更是将这一契机变成与他母亲沟通的桥梁，向她传递理解与信任，试图化解她的一些误会。奇迹般地，家校之间的隔阂逐渐消融，他的妈妈经常打电话给我，跟我沟通班主任和其他科任老师的问题，语言中也多了对教育的理解与配合。我很欣慰，因为这份信任与真诚的力量，不仅改善了家校关系，更照亮了"小天王"的成长之路。我深信，每一个孩子都是待发掘的宝藏，只要我们以足够的耐心与智慧，从他们的优势出发，定能引领他们走向属于自己的璀璨未来。

三、不懈的恒心，共享音乐翩翩美

在这条美育的浩瀚征途上，我深知每一步都需脚踏实地，用心耕耘。音乐，这门既美丽又有趣的学科，其技能的习得之路往往伴随着枯燥与乏味。然而，正是这份挑战，激发了我不断探索与创新的热情。

没有书面作业的束缚，没有日复一日的复习，如何让孩子们在轻松愉快的氛围中掌握音乐知识，成为我不断思考的问题。我坚信，唯有将精力倾注于课前与课上的每一刻，用持之以恒的努力，方能确保美育的实效。

在中高年级任教的十年间，我与孩子们共同创造了许多美好的回忆。课前三分钟的"音乐推荐时间"，不仅让孩子们学会了分享与欣赏，更让音乐的种子在他们心中生根发芽。然而，面对这群活泼好动、注意力易分散的一年级小天使，我深知需要更多的创意与耐心来引导他们走进音乐的世界。

"小白"——这个特别的小男孩，用他独特的方式引起了我的注意。他外表淡漠，不参与任何的音乐活动，我只要发现一个细节鼓励他，他就会剪纸或画画送给我，那双充满好奇的眼睛透露出对世界的无限渴望。得知他曾在家庭美满时学过钢琴，我仿佛看到了他内心深处对音乐的热爱与向往。于是，我决定为他，也为全班的孩子，打造一个专属于他们的"星光舞台"——只要课堂上得到我的三次表扬，就可以在下节课的课前三分钟演奏老师的电子琴。

在这个舞台上，每一次的表演都如同璀璨的星光，照亮孩子们前行的道路。而"小白"，也凭借着自己的努力与坚持，成了第一个登上舞台的幸运儿。当他坐在电子琴前，手指轻触琴键的那一刻，整个教室仿佛都安静了下来，只剩下音符在空气中跳跃、旋转。那一刻，我看到了他眼中的光芒，那是对音乐最纯粹的热爱与追求。

随着"星光舞台"的每一次开启，越来越多的孩子被这份热情所感染。他们开始积极参与课堂活动，用心聆听每一个音符背后的故事，甚至迫不及待地将自己在家中苦练多时的乐器带到课堂上，自信满满地展示给每一个人。音乐，不再是枯燥乏味的技能练习，而成了一种情感的交流与共鸣；电子琴，也不再是他们展示的乐器，已蜕变成为引领他们跨越梦想之海的坚固桥梁；而我，也在这份不懈的坚持中收获了满满的幸福。正是这份恒心与热爱，让我们共同创造了一个又一个美好的音乐瞬间。

如今，回望这一段特别的旅程，我深感荣幸，又无比震撼。因为，我见证了一个个生命的蜕变与成长，也体验到了作为音乐教师最纯粹的快乐与满足。在未来的日子里，我将以满腔热情与坚定信念，继续播撒爱的种子，陪伴更多的孩子探索未知、追求梦想。因为，我坚信：爱与音乐，将永远是我们共同前行的力量与信念。

（作者单位：合肥市和平小学东校）

为孩子点亮心灯，那一刻我最幸福

高 洪

> 每一个孩子
> 都是一颗闪亮的星星
> 每一个音符
> 都是一片肥沃的土壤
> 每一步脚印
> 都是音乐旅程的记录

星海横流，岁月成歌，还清晰记得二十出头的我意气风发走上讲台，怀揣着对教育的梦想和热爱，期待用音乐去塑造每一个心灵，以美育人、以美化人、以美润心、以美培元，将音乐的美根植于每一位学生的心中，将艺术的种子撒向每一颗心田。

十五年的教育生涯在风风雨雨中走过，在叮叮咚咚的琴声里飘过，作为音乐教师，我深深地感受到肩头责任的重大。虽然有时也会因学生的调皮而埋怨，因为他们的不听话而急躁，虽然有时也感觉很累很累，但当你只要站在班级门口就得到学生热烈欢迎的掌声，你就明白了教师的幸福感。

音乐是美的教育，在美中，我永远记得孩子们给我的力量，是他们让我的每一天都那么的与众不同……

一、遇见喜欢

我曾有这样一个学生，她是没有爸爸管，也没有妈妈问的留守儿童，是一说成绩就让其他老师齐齐摇头的"学困生"。她自卑又懦弱，你每天都能看到她缩在教室的角落里,眼里一片茫然,有种对未来的无助。有一次课堂上我带领孩子们舞蹈律动,我惊喜地发现她动作标准,舞蹈感觉十分敏锐,一看就是跳舞的好苗子。下课我问她:"你喜欢跳舞吗?"她睁着大大的眼睛看着我,却没有说话。

她虽然没有回答我的问题,但是我隐隐地觉得这也许是她改变现状的机会。在此之后我每次上课都特意为歌曲编一段律动,我想让她多跳跳,她多跳跳我就能多鼓励她。就这样我一直关注她,我和她的距离也拉近了。我再一次问她:"你喜欢舞蹈吗?"这一次她没有犹豫,她说:"我喜欢跳舞。"那一刻,我仿佛看到了她眼里的光亮。我带着她加入了学校的舞蹈队,渐渐地,渐渐地,下课她会在我经过的路上和我偶遇,对着我微笑,向我敬队礼。在舞蹈中她渐渐找到了自信,在一次又一次的舞蹈比赛中,总能看到那个站在舞台最中间、笑得最开心、动作最认真、表现力最好的孩子,那一定是她!我知道,艺术的美在她的心中绽放了,她在舞蹈中增强了自信心和自尊心,我知道我借了美育之力,点亮了孩子的心灯。那一刻,我是自豪的,是幸福的。

所以每当我站在讲台前看到那一双双渴求的目光,一张张专注的面容,我会不由得身心激动,似乎融入无比圣洁的情境。它们这些目光和面容支撑着我不断求索,不断创新,不断将自己的目光从讲台上落下来,融入学生中,去发现的他们的渴求,去倾听他们的声音。是他们,让我的每一天都那么的与众不同,他们就像沙滩上的贝壳珍珠,每一次收获新知的时刻,都在闪闪发光,每一次被接纳的时候都欢欣鼓舞。

二、 遇见温暖

从教十几年,我还遇到过一个特殊的孩子,他的名字叫阳阳。他的爸爸妈妈为了让他与弟弟一起上学,没有选择更适合他的学校,而送来了我们学校。他先天脑瘫,如果没有见过他,可能很难想象他的样子心智不全的他外表也不同于常人,同学们都害怕他,看到他都躲得远远的,连他的亲弟弟在学校看到他都装作陌生人。说实话,无论你做好多少准备,要想从心底真正接受他并不是一件容易的事。

我几乎没有见他的爸爸妈妈来过学校,都是他家阿姨每天推着他来上学,推着他回家,他每天只上半天课,因为他的爸爸妈妈觉得下午的"副科"可有可无。

有一次,我与他们班的班主任老师调课了,他第一次出现在了我的课堂上。一开始我并没有注意到他,当我带着同学们唱歌时,他突然咿咿呀呀地叫起来。我和孩子们顿时一愣,我对着他说:"你也想唱歌是吗?"他歪着头看我,努力地点点头,我说那你跟着大家一起唱吧。音乐再次响起,他又一次咿咿呀呀地跟着唱起来,同学们都笑话他口齿不清。

"老师,他平时说话都说不好,怎么能唱好歌?"

"怎么不行呢,我的音乐课面向全部同学,他是不是你们班的同学?"

"可是,他唱得不好听。"

"唱歌,是音乐的表达,每个人都有自己独特的嗓音,关键是你想不想唱。不是有一句歌词叫'想唱就唱,要唱得响亮'吗,阳阳这也是一种独特的演唱方式呀!"

我对阳阳说:"老师的音乐课欢迎你多唱歌!"

没有想到就是这样一句普通的话,让我在之后的音乐课堂上常常能见到他,我好奇地问阳阳的班主任,阳阳现在下午不回家休息了吗?

班主任告诉我,他妈妈打电话来说阳阳在家闹呢,说要上音乐课,所以下午有音乐课的时候,他都来上学。就这样我和阳阳在课堂上见面的次数越来越多。有一次上课我走到他的身边,他忽然张牙舞爪地一把抓过来,吓了我一跳。我平静了一下,看着他,他忽然安静了。他斜着眼直勾勾地看着我,似乎还挺开心,咧开嘴笑了,尽管他笑起来的样子不太好看,嘴角还不时地流着擦不干净的口水……可就在那一刻,我受到了极大的触动,我很想去好好疼爱这个可怜的孩子。我向他伸出了手,他的笑容更深了,艰难地说出了一句话:"我喜欢……"就在那一瞬间,我的眼泪夺眶而出。我什么都没有为他做，却得到了他的喜欢，那一刻我是幸福的。

师者，如泽如炬，虽微致远。音乐给了阳阳一座连接世界的桥梁，阳阳已经毕业好几年了，我不知道以他的身体情况以后的生活会是什么样，但是我知道，有音乐温暖的陪伴他就不会孤单。

三、遇见成长

在一次五年级的音乐课上，班级在进行旋律接唱游戏，小亮不敢出声，同学们便开始议论："老师，他变声了，他不敢唱。""老师，他现在唱歌好难听呀……"原来，小亮正处于变声期，在演唱中，会有"不和谐"的声音，自尊心极强的他觉得很不好意思，不敢开口。的确，现在的孩子因为营养好，变声期也提前了，有些学生在学习的过程中，恰好遇到变声期嗓音不适，会发现怎么唱都不如变声期前唱得舒服。由于对变声期知识的不了解，从而认为是不是自己的嗓子坏了，不能再唱歌了，从此就产生了心理障碍，丧失了歌唱的自信心甚至害怕唱歌。捕捉到这一情景，我立刻想起了我之前听过的一首合唱歌曲《声部介绍歌》，这是上海彩虹团的一首非常有意思的合唱歌曲。

"男低，我是男低，世界上最温暖的声音，天空会下雨，可是磐石无转移，说来有点可笑，大家都以为我音准不好，其实我们声部音准第一……"

这首声部介绍歌诙谐幽默，同学们看着视频中四个声部"明争暗斗"的戏码，"爱凑热闹"的他们听了一遍又一遍，我问他们听懂了什么，他们回答我"术业有专攻，各声部有特长，和谐产生美"。是呀！我便马上回到钢琴前，将刚刚学唱的歌曲旋律进行降调处理，也帮助小亮能够用最舒服的声音完成演唱。我告诉孩子们，不论男生或是女生，从童年成长至少年时都会经历一段变声期，变声期间声音出现变化不可怕，只要遵循科学的歌唱方式，做好变声期的嗓音保护，就能顺利地度过这一时期。要记住，不管自己的嗓音处在什么状态，在班集体中，每一个声音都很重要，都是不可或缺的一部分。就像歌曲中唱的那样，经过变声期我们的声音就会由童声变成男声、女声，音色上也会有不同。虽然不同，但是每一个声部都很重要。

四、遇见未来

美育是明灯，照亮了孩子的生命；美育是火焰，点燃了孩子的热情；美育是力量，鞭策着孩子奋进。美育就是一场爱与被爱的修行，在这条路上，每一个孩子都是星星，也许没有月亮的皎洁，但是却有璀璨的光亮；也许没有太阳的温暖，但是却有无垠的憧憬。在美育的滋养下茁壮成长的孩子们都是明天的希望，在音乐的世界里，在艺术的殿堂中，我们歌唱，我们舞蹈，我们带上努力向明天出发。星星散发出温暖的光，是创造，是想象，是审美，是素养。一班一世界，一室一风景，每一颗星星都会在美中冉冉升起，每一个生命都会在美中绽放光芒。

一间温暖的音乐教室
一群活泼可爱的孩子
像星星，在音符的世界里闪闪发光
像朝霞，在音乐的天空中绚烂绽放
……

（作者单位：合肥市香格里拉小学）

成长之路，履践致远

高 洁

有幸被引荐参与瑶海区艺术导师制培训，犹如打开了一扇通往新世界的门，我受益匪浅。从2023年7月至今，在郭教授的悉心指导下，我们不仅深入探讨了音乐、美术等学科的教学之道，还共同探索了美育浸润行动的深远意义。在这个过程中，我深刻体会到了作为教师的责任与使命——不仅要传授专业知识，更要以心灵捕手的姿态去影响每一位学生的成长。导师制培训的每一次交流、每一堂课的学习，都如同一盏明灯，照亮了我前行的道路，也让我对未来充满信心。

在艺术的长河中，每个人都是自己故事的书写者。当笔尖触碰纸张，思绪便如泉水般涌流。写作对于我而言，不仅是记录，更是一场深刻的自我对话，它让我重新审视自己的教育生涯，反思那些被岁月掩埋的心路历程。正是基于这样的初衷，当我接到撰写这篇文章的任务时，内心充满了复杂的情感：既有一份对未知挑战的忐忑，更有对这段旅程的期待与珍惜。

回顾自己的来时路，留学期间那几乎日夜不息的琴房生活，以及回国后成为一名青年音乐教师所经历的成长与蜕变，种种片段如电影般在脑海中放映。这些珍贵的记忆，既是个人成长的见证，也是不断追求进步的动力源泉。而今，在瑶海区艺术导师制培训的影响下，这篇文章不仅仅是我个人成长的总结，更是对过去的一次深情回望，对现在的一份真诚记录，以及对未来的一种美好期许。

带着这样的心情，我提笔写下这篇关于成长之路的文章，希望能借此机会表达对所有帮助过我的人深深的感激之情。感谢郭教授和许老师为我们搭建了这样一个乐学、乐思、向美的成长平台；更要感谢那些陪伴我一路走来的同事们，是他们的支持与鼓励，让我不再孤单，能够勇敢地面对每一个新的起点。在这条充满希望的艺术教育之路上，我们将继续携手共进，用音乐和美术编织出更加绚丽多彩的梦想画卷。

一、回头望——求学寻梦，收获弥足珍贵

在导师的引荐下，我选择了音乐留学的道路。外面的世界对每个求学者来说都充满了未知的吸引力。国外教育体系对学生从本科阶段开始就有较高的要求，到了硕士阶段专业学习更是严格到极致。我的专业是音乐表演，在整个学习过程中我深刻感受到了专业学习的精髓所在：钢琴演奏的学习不光是系统化，且对于西方音乐史、即兴伴奏、作曲理论、和声以及练耳等辅助性知识的要求也较为严苛。每门学科几乎每隔一天就有小测验，每周还有一次大考，再加上语言课程的压力，使得我每天的生活轨迹几乎都是宿舍、琴房与图书馆三点一线。在最初的两年里，我几乎没有离开过校园一步，那种压力让我常想如果时间再多一些该有多好。很多次我感受到了如同高考时期的压力，但不同的是，我对自己的学习目标有了更加清晰的认识，这种认识让我真正感到是在为自己而学。

西方音乐史是一门必修课，它要求学生每日聆听大量的歌剧或器乐作品，并能在考试中识别特定片段。要通过这门课程，必须对各个时期的作者、作品及时代风格有深刻的了解。这门课当地的学生都常常挂科重来，对于仍需克服语言障碍的我来说更是难上加难。虽然有很多次情绪崩溃，但是我坚持到了最后，这对我的钢琴演奏产生了深远的影响。专业课教授平时待人亲切，在专业领域内则要求严格。刚开始时，我经常在专业课后偷偷落泪，但在意识到自己取得了明显的进步后，我才明白教授对于舞台表演一丝不苟的态度背后所蕴藏的原因。

生活中的一个细节令我印象深刻。在刚到学校不久的一次学前聚会中，我拿起一杯咖啡送给教授以示礼貌。他接过咖啡告诉我："安心享受你自己的咖啡和美食吧，好好放松！"那一刻，我意识到，在忙碌的学习生活中，有时仍需要梳理好当下的心情。我在求学生涯中更加专注于个人的学习和成长，不断取得进步。当我与好奇的学生们分享这些故事时，他们能够感受到音乐不仅仅是一种放松方式，更是一种对待每一次舞台演出的严谨态度，相信我的学生们也会树立起这种态度。

二、往外看——突破局限，拥抱更多可能

一张白纸上画一个黑点，你会聚焦于那一个黑点，还是能关注到旁边那一大片空白呢？工作中也是一样的道理：我们如果一直盯着那个黑点，就容易陷入固有的思维中；只有将目光从黑点上移开，才会发现更多可能。作为一名追求不断成长的青年音乐教师，我意识到我不仅应该聚焦自身发展进步，更要尝试去打造学习共同体。在一次次集体备课、教学观摩和课后反思的活动中，我与其他教师共同探讨教学方法和策略，相互借鉴和学习。还记得刚入职时，第一次接触到前辈老师们打磨优质课的情景。当时我认为无论是能力、经验还是性格方面，我都无法胜任这项任务，连模仿都感到困难。我感到无能为力，一度想要放弃。在前辈老师们的悉心教导下，我渐渐放平心态，学会积极充实优质课内容。由于存在讨好型人格特质，理解学生们的学业繁重，我希望音乐课既能传授知识，也能带来乐趣，帮助他们放松心情，因此在课堂教学初期我很容易让学生成为主导者。每当察觉到学生可能感到枯燥时，我会选择结束当前环节，转而设计他们能真正享受的内容。后来在与其他教师的交流中了解到，他们往往也会采取类似的做法，这也是将学生视为课堂主体的一种表现。教师之间的互帮互助让我得以突破自身的局限，在其他优秀教师的身上看到更多的闪光点。

三、向内求——反求诸己，提升专业能力

听过这样一句话，不懂反省的人，往往会从生活的这个坑掉进另外一个坑。盲目自大的人，容易在错误中越走越偏；经常自省的人，才能不断纠偏，找到正确的路。

组织筹备合唱团的一年时光里，我经历了许多，收获颇丰。这一年，我像班主任一样深入了解每一位团员，有机会近距离观察他们的性格特点。在他们身上，我看到的不仅仅是对音乐的热爱与天赋，更有同龄人所不具备的自信大方、果敢无畏。他们渴望展示自我，向往舞台。在沉重的学习负担下，参与会演对他们来说是难得的机会。起初，我视每次登台为任务，但孩子们的热情却让我把任务转化为乐趣。为了给他们创造更好的舞台，我投入了大量的前期准备。正如"浇花者"期待花朵绽放，我比任何人都希望看到孩子们精彩的表现。第一届合唱团即将结束，面对八年级孩子们的学习压力，我们从四声部开始练习，直至多次排练后的完美呈现，这个过程让我感动不已。感谢所有支持我们的家长、同事及领导，更要感谢孩子们和我自己。在有限条件下创作出令人满意的音乐作品，虽不完美，却充满意义。结果固然重要，因为它是对努力的认可；然而，过程中的种种收获更为宝贵，它们成为未来面对挑战时坚持下去的动力。合唱团的告别意味着新的开始，这份热爱将在未来延续并循环往复。我很感激这一年的经历，开启了属于我和孩子们的合唱团旅程。

回顾这一年，尽管进步微小，能力仍显不足，但我仍在不断地自省。我也要感谢身边许多人，正是他们的存在让我得以取得这些小小的成就。学校音乐组的老教师们优秀非凡，他们的品质和人格魅力深深影响着我。每一次有机会向他们学习，我都感到无比幸运。同时，年轻一代的老师们也给我带来了许多启发，他们的创造力和自信心激励着我勇敢前行。在我

眼中，前方是音乐家的身影，身后则是艺术家的脚步，我从中受益匪浅。我们所在的团队不仅每个人才华横溢，而且都善良可爱，平易近人。通过不同的方式获得的帮助和成长让我懂得感恩的重要性，带着这样的心态继续前进，我也有了更多的勇气。

四、向前走——同心共向，共护学生成长

在聆听了多位专家与同行的分享后，有一句话给我留下了深刻印象："教师是园丁。"这不仅指代了教师辛勤付出的形象，同时也提醒我们不应将所有学生剪裁成相同的样子，而应因材施教。每位学生都是独一无二的个体，需要用不同的方法去培养，使其健康成长。就我个人而言，备课是教学工作中最为关键的一环。有效的备课基于教材内容和学生情况，遵循学科课程标准，通过深入研究教材来制定教学策略。好的备课需要大量的学习积累，终身学习的习惯是每位教师都应该具备的。许珊老师曾说过："每一堂课都是一场美丽的约会。只有精心准备，用真情、爱心、知识和智慧去赴约，才能装扮起你幸福的教育人生。"这段话至今仍让我记忆犹新。工作环境因学生的存在而变得单纯美好，让我们即使成为大人，也能保持一颗童心，在这个过程中，与学生们共同成长！

最重要的是，在这几年的教师生涯中，我所得到的远远超过了我所付出的。环境对人影响深远，一个人可以走得很快，但一群人可以走得更远。身处这样一个卓越的集体中，只要我不拖后腿，就会一直进步。如果之前的努力已经足够，那么接下来我会沿着前辈们的足迹踏实前行，一步一个脚印地成为自己想成为的那个老师，既不辜负自己的内心，也不负每一个阶段的自己，做一个全力以赴不留遗憾的音乐教师。

五、 深入探索——艺术与教育的交融

在音乐教育的道路上，我深刻体会到艺术与教育之间的紧密联系。音乐不仅是技术上的训练，更是情感上的交流。作为教师，我不仅要教会学生技巧，更要引导他们理解音乐背后的情感和文化内涵。这需要我不断深化自己的艺术修养，同时也要求我不断提高教学水平。在实际教学中，我尝试将传统教学方法与现代技术相结合，利用多媒体工具增强课堂互动性和趣味性，让学生在轻松愉快的氛围中学习音乐。此外，我还鼓励学生参加各种音乐活动和比赛，通过实践来提升他们的音乐素养。

在艺术与教育的交汇点上，我发现音乐教育不仅仅是传授知识的过程，更是培养学生综合素质的重要途径。音乐能够激发学生的创造力，培养他们的审美情趣，还能促进心理健康。因此，在日常教学中，我注重培养学生的综合能力，如团队合作、沟通表达以及解决问题的能力。我相信，这样的教育方式不仅能帮助学生在音乐上取得成就，更能让他们在未来的人生道路上受益无穷。

六、 结语

回顾这段成长之路，我深深地感受到，每一次选择都是一次新的开始，每一次尝试都是一次心灵的洗礼。在这条道路上，我学会了坚韧与执着，学会了独立与成长。未来的路还很长，但我知道，只要心中有爱，脚下就有力量。我会继续前行，用音乐点亮更多孩子的梦想，用真心守护每一颗纯真的心灵。这便是我作为音乐教师的使命，也是我生命中最宝贵的财富。

七、未来的展望

展望未来，我有着更加明确的目标。作为一名中学音乐老师，我深知音乐教育在学生全面发展中的重要作用。音乐不仅是陶冶情操、启迪智慧的重要途径，还能激发学生的创造力和团队合作精神。短期目标我计划不断提升教学技能，认真备课，结合新课标的要求，设计多样化的课堂教学活动，提高学生的学习兴趣；参加校内外的教学研讨活动，学习先进的教学理念和方法，不断优化自己的教学手段；激发学生兴趣，通过引入流行音乐元素和多元化的音乐形式，吸引学生的注意力，培养他们对音乐的热爱；利用多媒体教学手段，让学生更直观地感受音乐的魅力。长期目标我计划加强自身学习，阅读音乐教育相关的书籍和期刊，了解最新的音乐教育动态和研究成果，提升自己的理论水平；参加音乐相关的培训和进修课程，提高自己的音乐专业技能。

除了个人的发展，我更希望自己发掘和培养有音乐特长的学生，鼓励他们多参加校内的音乐比赛和演出活动，为学生提供展示自我的平台。还希望通过自己的音乐教育培养学生的审美能力、创造力和团队合作精神，促进他们的全面发展。让每一个学生都能在音乐学习中找到乐趣，感受到音乐的魅力。

这些目标的实现需要我不断地努力和学习。我相信，只要我坚持不懈地追求进步，就一定能够实现自己的目标，成为一名优秀的中学音乐老师，为学生的成长和发展做出更大的贡献。总之，作为一名音乐教师，我深知肩上的责任重大，但同时也充满了无限的激情和动力。未来的日子里，我将继续秉持初心，不断提升自我，为实现心中的梦想而奋斗。

（作者单位：合肥市行知学校）

你还是那个公开课上稚嫩的演员吗？

李明梅

"李老师，你参加了很多次教学课堂评比了，公开课很有经验，能不能来给年轻教师说一说，怎么去准备一节公开课？"教研主任又在下班的时候给我分配了任务。

我拿起笔一顿操作，"备教材、备学生、教学思路、整合资源……"我一口气写了十来条。最后又写上大大的总结："备课要拿出精益求精的'导演加演员'的精神，上课要拿出舍我其谁的霸气态度！"我美美地停下笔，长舒了一口气。

看到这里，你有没有发现一个问题？

对，我为什么要说导演和演员？难道公开课、展示课就是演出来的吗？

嗯？难道不是演出来的吗？

上过展示课的老师们，问问你们，自己还是年轻教师的时候，展示课、公开课，有几分不带演？原以为，不带演的展示课不是真的展示课，不会演的音乐教师，不算合格的音乐教师。但随着教学经验的丰富，我开始意识到，教育要真实地发生，音乐课堂中的育人也要真实地发生。年轻教师的演，是因为她对自己的课还不够自信，对学生还不够了解，对教育理解还不够透彻，所以想用固定的剧本、固定的环节来让课堂有安全感。谁的青春没有公开课，谁的公开课没有过表演？我自己也曾是个稚嫩的演员，也曾有过拙劣的表演。

2014年，作为一名新进的音乐教师，入校的第一件事就是上公开课。在5年没进新教师的学校里，我一下子成了全校的焦点，大家都翘首期盼着，这位第一名考进来的教师是个什么样的水平。

我有些焦虑，拿出了我最熟悉的一节课——《愉快的梦》来应对这一重大任务。

那是一个上午，班主任早早地把四年级的孩子带到了多媒体教室，源于内心的不安全感，我也早已把上课的稿子烂熟于心，大环节该教的律动也已提前告知学生，我一再重复要点，生怕他们上课给我捅娄子。

为确保顺利，我提前10分钟走进多媒体教室，发现除了前4排的学生，多媒体两百多个座位竟无一空席，坐满了听课的教师。他们黑压压的眼珠子都在看向我，我却不敢看他们，只觉得他们是一团黑乎乎的影子，这团影子有些沉闷和阴森，好似我无法挣脱的一团迷雾。我不停地暗示自己：别怕，课都准备得差不多了，孩子们都熟了，自信一点。

课堂开始了，导入，创设情境，律动学习……我真没想到，可能是背对着老师的缘故，学生竟然也不怯场，唱得好，跳得好。我忘记了紧张，近距离地和孩子们互动，一时间课堂气氛轻松融洽。

正在这时，一个小小的纸团朝我飞来。一开始我以为只是一个小小的意外，没有理睬，继续着我们精彩的表演。说实话，此时的课堂能关注到学生吗？能，可能我更多的是关注孩子们有没有按我的剧本来，我不想他们有太多的创作空间，这样会让我焦虑。我知道，我还不能够轻松应对太过开放的课堂。

"嗖"，又飞来了一个指甲盖大的纸团。我开始觉察到不对劲，迅速用眼睛扫了一下前排的孩子，原来是平时班级表现很积极的一个男孩，他低着头，嘟着嘴，不开心地揉着手里的纸巾。我没有停下来，生怕被其他老师发现，我只希望，他不要再扰乱我的展示课，我初为人师的第一节展示课。

糟糕，又一个小纸团飞了过来。我抬头的瞬间，撞了个正着，我看着他，用严肃的眼光狠狠地盯了一下他，这1秒钟的眼神向他传递："你在干吗，不要再扔了，我在上公开课呢！"我想他应该能明白我眼神的意思，毕竟 200 多个老师在后面"吃瓜",扔纸条很不合适。我当作什么都没发生,笑眯眯的,像个自信的演员,把注意力转向其他认真听课的学生,继续我们下个环节。

又一个纸团飞过来。旁边乖巧的小女生看不下去了,用胳膊肘捣了一下他,轻声但很嫌弃地说:"你在干吗?"可是,他不理睬,很显然,他没明白我的意思。

就这样,15 分钟的时间陆陆续续飞来四五个纸团。

我很慌,虽然他扔纸团的间隔时间很久,可能没被后面听课的老师发现,但我不知道该怎么处理,面对这么多教师,我只好换了个位置继续上课,当作看不见。

我又走到前排,此时隐约感受到他强烈的不满情绪,又生气又委屈。而此刻的我,也有强烈的不满,我更多关注的不是学生为什么这样,而是我内心的生气和指责:你怎么这样?

好在,整节课下来,还算顺利,课堂气氛轻松活泼,学生又唱又跳,乐在其中。我只希望这个插曲不被大家看到,希望大家可以对我拙劣的表演多一些包容。

终于下课了,我浑身轻松,听课老师们陆续走到我跟前点头或者夸赞示意。也许是学生和老师们的座位不在一起的缘故,大多数老师都没有在意这个小插曲,可是,我心里是生气、郁闷和不解的。

我让其他孩子跟班主任回到班级,留下那个平时爱表现的男孩,我要亲口问问他,平时上课那么积极的他,为何今天这么反常。

多媒体教室只剩下我们两个人,我眉头一皱,看着他,用带着一点责备的语气说:"你怎么了今天,你平时不都表现得很好吗?今天这么多人听课,你为什么对我扔纸团?"

一向呱呱说不停的他,低着头继续揉着手里的纸团,不说话。

我继续说:"你不知道今天是公开课吗?平时也就算了,你这样,我怎么上好公开课?告诉我,你为什么对我扔纸团?捣乱也不能在公开课上啊?"

他见我有些着急，可怜巴巴，有些委屈地说："我不是想捣乱！"

"那你想干吗？"我十分不解。

"我，我只是生气……"

"生气？"我更纳闷了。

"你上课一直都不看我，我只是想让你看我……"他怯生生地说着。

我愣住了，那颗紧揪着的心，突然松懈下来，刚才还有些生气的我，变得有些自责。我努力地回想他的表现，没错，整节课我都沉浸在自己的课堂里，尽管他认真地听课，努力举手回答问题，想争取我的关注，而紧张的我却一直都没有看见。

原来，他只是想，被看见……

被看见，是现在孩子们所缺失的重要方面，班级的学生太多，教师的精力有限，对于那些被认定为不努力的孩子，可能很少有教师真的关注过他们，更多的是批评，是指责，回到家又是家长的责骂。而有些所谓的问题学生，可能只是想被看见。

其实，在我们每一个人的内心，都渴望被看见，希望有人看见我们的努力，看见我们的情绪，看见我们的委屈，看见我们的脆弱。被看见，意味着我们被爱着；被爱着，意味着安全和被接纳。

我真是一位稚嫩的演员，一直沉浸在自己的表演里，沉浸在自己的教学环节里，却不曾理解这位孩子的内心。我突然想到他平时上课就是爱找我聊天，这简单的几句聊天，对我来说稀松平常，可对于一个大家一致认为调皮的学生来说，是老师对他最大的认可。他喜欢我的音乐课堂，所以他努力表现希望得到我的认可，可是我忙着环节表演，无暇顾及个别学生的感受，他觉得自己被冷落，所以才用扔纸团引起我的关注。现在想想，那时候我可以默默走到他跟前，多给他一点眼神的交流和肯定，多点他的名字回答问题，而不是故意当作没看见，或许，他就不会再向我扔纸团了。只可惜，我是个稚嫩的演员，我还不懂。

我们对展示课赋予了太多的意义，有没有展示你的教学风格，有没有展示你课堂的亮点，有没有展示教师绚丽的基本功……可，又有多少人真的想过，这节精彩的课，"育人"有没有真实发生？他只是个孩子，可能并不太明白展示课的意义，他只是一个真实的孩子，他也只是真实地表达了自己被冷落的感受，他没有表演，他只想得到他喜欢的老师的认可，只是想被看见。

　　美育不是流于形式的表演，而是学生发自内心的感受，真的教育要从心底发出来，去打动另一颗心。音乐教育并不只是知识技能的传授，更应该是美育浸润的一个重要载体，是一个"浸润心灵的课堂"。你的课堂上，会关注到那一颗时而快乐，时而敏感，时而天真，时而失落的心吗？

　　愿我们每一位音乐教师，都可以被看见；也愿每一个孩子，都能够被看见。

（作者单位：合肥市和平小学）

我想，此刻美育浸润正在发生

刘玲琳

"老师老师，剪纸社团什么时候招新啊？葛老师还会再来教我们剪纸吗？"社团招新要等九月新学期开始，而葛老师什么时候再来剪纸社团还是一个未知数。

谁是葛老师，学生为何如此期待他？这要从前段时间我参加的一场比赛说起。

我非常有幸参加了合肥市2024年安徽省地方传统文化美育实践创新课例设计与说课评比，从3月12日开始备赛到4月12日现场比赛，整整一个月，集中精力探究利用数字技术赋能传统文化。在这个备赛的过程中，不仅仅是学生得到了很好的美育浸润，就连我也收获颇丰，觉得自己的心灵得到了美的浸润。我参赛的课题是"纸上飞花　数字赋彩——阜阳染色剪纸"，阜阳剪纸是安徽省优秀地方传统文化，也是重要的"非遗"资源，本单元的课程设计主要为了让学生了解安徽传统文化，学习并喜欢阜阳染色剪纸，同时学会在数字时代利用数字技术赋能传统文化创新发展，在学习的过程中理解数字赋能传统文化要有守正创新的精神，学习阜阳剪纸艺人身上精益求精的工匠精神。学生在学习的过程中感受了传统文化的美，也坚定了文化自信。

在备赛的过程中，我与剪纸社团的学生也创造了很多美好的回忆。首先要说的是我们非常荣幸地邀请到了阜阳剪纸代表性传承人葛庭友老师到我校开展阜阳剪纸艺术教学活动。我的剪纸社团断断续续开展了三四年，"非遗"是进了校园，但"非遗"传承人一直没有请进校园，最主要的原因可能还是意识上不够重视，不知道"非遗"传承人进校园所带来的美育浸润价值是常规社团课所无法比拟的。

3月25日，我联系葛老师并邀请他来我校开展剪纸教学活动，没想到葛老师立刻答应了。经过几天的联系筹备，4月1日，"'非遗'剪纸进校园，传统文化润童心——阜阳剪纸艺术教学活动"顺利在我校开展。还记得活动筹备时，葛老师拒绝了我的接站提议，在活动的前一天就从阜阳坐高铁赶到合肥，并告诉我第二天八点半到我校布展。葛老师带了50幅他的剪纸作品来做教学展示，当时我还疑惑，活动下午两点才开始，为什么要上午八点半就来学校布展？就50幅剪纸作品，把画架拿出来摆上不是很快的事情吗？虽然我不太理解，但还是提前在校门口等候葛老师的到来。葛老师一到，我们就开始布展。五个老师，还有好多学生帮忙，从八点半一直忙到十一点半，整整三个小时。原以为剪纸布展是一件很简单的事情，没想到并不容易。在这个过程中，我也感受到了德高望重的省级代表性传承人事事亲力亲为的做事风格，也被他的精神感染着。葛老师告诉我，有多少画架他就带多少幅剪纸，我告诉他有40个画架，结果他带来了50幅。经过我们的努力，这些剪纸最终全部展示出来了。最让我感动的是，布展结束刚好放学了，好多孩子都围过来看，他们一个个专注又欣喜的眼神，奔走相告喊同学们过来看剪纸的模样，他们追在葛庭友老师身后问东问西的样子，就是在追星，在追传统文化之星。还有要签名的小姑娘，看到那签名时，我更确定她真的是在追星，我也恍然间发现自己追星忘记要签名了，一瞬间觉得可惜了。

中午，我陪葛老师吃完午饭，送他们去报告厅休息，葛老师也是手不离剪，拿起A4纸就能剪，其实早上他一到，在等候时就已经剪了几张了。中午孩子们围着他，他一直笑呵呵地说你喜欢啥，我给你剪。我心想这么多学生都要，这一个个剪得剪到什么时候？一边心疼葛老师没时间休息，一边感叹葛老师的胸怀和对学生的关爱，以及对推广阜阳剪纸不辞辛劳的坚定。他悉心指导，一边剪一边笑呵呵地告诉学生为什么这么剪。我觉得我们要学习的不仅仅是"非遗"传承人的技法，更是他们敬业、乐传、博爱的情怀。我还记得有几张照片拍的是学生围着葛老师看他剪纸的场景，学生陶醉、沉浸式地感受着传统文化的美好。有个女孩眼睛亮亮的，一直盯着葛老师手里的纸。葛老师还给他们每个人剪了一张剪纸小作。我生怕他们不珍惜，随手丢了，还叮嘱他们回家要准备个相框放进去好好珍藏。现在想来或是多余，他们根本不需要我的提醒就会珍藏好。

十二点半了，学生都回教室了，我让葛老师也休息会，下课我就过来。结果一点半下课我过来时，发现他的面前又围满了学生，还不是我们剪纸社团的学生，原来其他年级的学生也很喜欢剪纸。有的学生还问我能不能也来参加活动，很可惜，报告厅位置有限，只能让他们在后半场再来参与。但孩子们的表现让我感受到大部分孩子还是很喜欢传统文化的，只是我们平时提供的机会太少了。这也让我反思，以后这样的活动应该多展开，不仅要将"非遗"传承人请进来，还应该多给学生展示的平台，在学校展，在社区展，在社会展，让学生多方面展示自己的艺术才能。

下午的活动不仅仅有学生参与，还有党员教师参加，美育浸润就是要以点带面，浸润学生，浸润教师，浸润学校，让更多的教师和学生参与进来，他们也能辐射到更多的人。老师们一听本月党员活动是剪纸顿时来了兴趣，他们自备剪刀，和学生们一起，跟着葛老师剪纸。葛老师在介绍完阜阳剪纸艺术之后就开始带着师生一起来剪了，他先剪了一只兔子，然后在黑板上画了一只兔子，师生们就开始看着黑板上的剪纸跟着创作了。他们没学过剪纸，但剪得形态各异，充满趣味。有的老师在党员活动结束后还不愿意走，想多学一点剪纸，说是要回家带孩子剪。他们拿起自己的作品认真欣赏，一个个满意地沉醉其中。这场"非遗"进校园的活动虽然只有短短的一天，但是影响是深远的，活动之后孩子们学习剪纸的兴趣更高了，自发剪纸的学生更多了。我想，此刻美育浸润正在发生。

在活动结束后，我组织社团的学生谈一谈这场活动的感受。他们说："葛老师很厉害，葛老师的剪刀像是被施了魔法，不用画稿就可以直接剪得又快又好，花纹好看，线条流畅，我们要非常专心才能剪得好一点，但葛老师好像随手一剪就可以剪得很好，好想自己也能像葛老师一样剪得好……葛老师的作品好壮观，像是机器打印出来的一样，那么平整流畅。"有个小男孩还说："葛老师的剪纸比我们好一点点。"我说："你还挺自信哦，你确定就好一点点吗？"他调皮又认真地说："老师，是亿点点，一亿的那个亿，好太多了。"我还问了那个要签名的小姑娘："你为什么要葛老师的签名？"她说："我不知道，我就是想要他的签名。"不知道为什么要，但崇拜之情已然发生。我后来又问她有没有好好收着签名，她说有好好珍藏，因为很珍贵。我问他们："还想葛老师来教你们剪纸吗？"他们说："想想想，下次葛老师来我也要签名……"我想，此刻美育浸润正在发生。

在备赛的过程中，我带着学生一起探索用平板上的绘画软件来画数字剪纸。我原本以为学生会画不好，没想到学生特别感兴趣，我简单示范一下，他们就兴趣盎然地玩了起来。数字剪纸中剪辑蒙版是一个比较难的操作点，学生也争先恐后地去尝试，大部分学生都能顺利完成。他们看演示时特别认真，都不需要我提醒认真听讲。在剪纸社团活动的影响下，他们都自发自主地学习，让我回想到以前上的一些课会空喊口号——同学们你们要传承和发扬中华优秀传统文化——学生甚至连传统文化是什么都不太清楚，怎么会喜欢和热爱呢？如今，学生自己去感受阜阳剪纸，他们看到"非遗"传承人葛老师的示范，不用老师多说一句话，他们就知道阜阳剪纸好，阜阳剪纸美，他们就自己追着老师学。甚至不是剪纸社团的学生，也会来问我关于剪纸的技法。有很多学生会问我："老师，我可以参加剪纸社团吗？老师，我想请教一下，五折法和七折法怎么折……"我想，此刻美育浸润正在发生。

在文创拓展时，原本我准备将学生的剪纸作品贴在帆布袋上，但是剪纸贴在帆布袋上容易破损，不好保存，如何利用数字技术解决这一问题呢？我和学生思考讨论得出，可将剪纸作品拍照进行印刷，还可以用设计的数字剪纸直接印刷。最后我们选用了第二种方法。我们一起画了很多数字剪纸，用蒙版填充渐变色后的数字剪纸更好看，学生可喜欢了，我用彩色的数字剪纸作品定制了很多帆布袋、钥匙扣、冰箱贴、油纸伞、笔记本、明信片等，对于认真完成作品的同学，我就将剪纸社团标志的钥匙扣作为奖励送给他们。看着学生们一个个很想要这些剪纸文创，我觉得我做的事情很有意义，我无形中推动了他们对传统文化的热爱，让他们学会欣赏阜阳剪纸。学生也一直问我什么时候比赛，他们的作品行不行，仿佛不是我一个人在比赛，而是我带着我们社团的成果去展示、去比赛。事实也正是如此，确实是我带着他们学习的照片、学习的成果和我设计剪纸单元课程的教学设计去比赛，他们关心我的比赛，也关心社团的展示，我们的社团因为我的比赛更加努力和团结，每个小朋友都在努力学、认真剪，我们像是一群剪纸的小战士，为了同一个目标在努力。这种感觉让我和我的学生都觉得很美好，看到一幅幅剪纸作品的诞生更加成就感满满。我想，此刻美育浸润正在发生。

我的社团课是三年级的，有的时候我去一年级午间值班时也会剪纸，或者将社团学生的剪纸作品带过去粘贴装裱，一年级的学生看得心生向往，说也想学剪纸。我借此机会介绍剪纸社团，告诉一年级的学生："剪纸社团是三年级招新，下学期二年级上册我们就会学《百变团花》，团花剪纸是小学剪纸系列课程的初始课，先学好团花剪纸，可为后面复杂的剪纸学习打牢基础。我们社团因教室有限，只能招那么多人，感兴趣的同学可以积极准备，好好学习剪团花，争取通过选拔进入社团，其他小朋友也不要担心，在常规课中也有很多剪纸课，只要你感兴趣想学，哪里都是社团教室，老师也可以随时指导你们……"这时有一个小朋友又问我："老师，我真的好想被选上，要是选不上怎么办？"我是这样回答她的："在学习的过程中，你会有很多想要得到的机会，但机会总是留给有准备的人，如果你准备了、尽力了依旧没得到，请你淡然处之，顺其自然，然后去为下一个机会做准备，说不定下次就能成功。即使下次也没成功，还有下下次，不放弃就有机会，不放弃就能成为更好的自己。"也许我的话不是每个小朋友都听懂了或听进心里去了，但那么多双纯洁清亮的眼睛望着我，我总觉得我的话有人听懂了。我想,此刻美育浸润正在发生。

在比赛结束的那天,我穿着比赛时的汉服去一年级上课,他们非常兴奋,因为她们发现了汉服的美。进班之后有个小男孩问我:"老师,你穿的是和服吗?"我一听,宣传传统服饰的机会来了。于是我回答道:"老师穿的不是和服而是汉服,和服实际上源自中国汉唐服饰,后经日本历代发展演变,逐渐形成日本独特的和服式样,虽保留部分汉唐服饰元素,但在形制、剪裁、风格等方面与汉唐服饰已有较大差异。汉服,是汉民族的传统服饰,以华夏礼仪文化为中心,具有独特汉民族风貌性格,明显区别于其他民族的传统服装和配饰体系。汉服是中国'衣冠上国''礼仪之邦''锦绣中华'的体现,承载了中国的染织绣等杰出工艺和美学,传承了30多项中国非物质文化遗产以及受保护的中国工艺美术。汉服的款式虽然繁多复杂,且有礼服、常服、特种服饰之分,但形制主要是'深衣'制、'上衣下裳'制、'襦裙'制三种类型。常见汉服有唐装、宋制、明制、清制……"学生听得津津有味,我也为我能借此宣传传统文化而自豪,我们都很快乐,都觉得汉服很美,都喜欢传统服饰,都以中华优秀传统文化为傲。我想,此刻美育浸润正在发生。

一场比赛给我和学生带来了美的享受和很多影响,也引发我思考美育浸润的价值与意义。我想美育浸润不能仅仅停留在艺术学科上,其他学科同样蕴含丰富的美育价值,我们要有意识地将美育浸润融入教育教学活动各环节,潜移默化地彰显育人实效,实现提升审美素养、陶冶情操、温润心灵、激发创新创造活力的功能。

一个人的审美素养也不能单纯停留在听得懂音乐会、看得懂画展上,审美素养是一个很大的范畴,可以说一切都是艺术,而艺术都有审美。例如,语文是一个能很好培养学生审美素养的学科,它是中华文化的重要组成部分,语文是教学的艺术、育人的艺术,更是情感的艺术,读古诗词感受意境之美,读古文感受文字简练之美,读散文感受辞藻之美,朗诵感受抑扬顿挫的语音语调之美,书写文字感受字体结构的章法之美,读名人传记感受英雄豪杰的气节之美。美是奋发向上的进取之心,"鲜衣怒马少年郎,不负韶华行且知";美是明朗舒畅的欢快之情,"春风得意马蹄疾,一日看尽长安花";美是难以排解的惆怅之意,"问君能有几多愁,恰似一江春水向东流";美是一腔热血的爱国之情,"风萧萧兮易水寒,壮士一去兮不复还";美是逆境中的释然从容,"试问岭南应不好,却道:此心安处是吾乡";美是一种松弛旷远的心境,"晚来天欲雪,能饮一杯无";美是一种乐观豁达的心态,"竹杖芒鞋轻胜马,谁怕?一蓑烟雨任平生"。

美育浸润重在陶冶情操,情操是指由感情和思想综合起来的,不轻易改变的心理状态。心理学曾把情操分为求知、审美、道德、信仰四种。陶冶良好的情操,有利于形成健康的思想道德修养,提高心理素质。蔡元培先生曾提出:"美育之目的,在陶冶活泼敏锐之心灵,养成高尚纯洁之人格。"美育为何能陶冶情操呢?人们通过各种艺术形式的学习和欣赏,了解了不同种族、不同文化、不同时代的价值观、审美观和人生哲学,这种跨种族、跨文化、跨时空的交流和思考,可以帮助人们形成更加开放、包容和多元的三观与人文素养,从而陶冶性情,提升人格魅力。美育不仅引导人们感受美、欣赏美,更鼓励人们去创造美,不管是通过美术、音乐、舞蹈、戏剧等艺术形式,还是通过诗歌、散文、随笔等文学艺术形式,人们可以表达自己的情感、思想和价值观。这种创造性的活动,可以帮助人们实现自我价值,增强自信心和成就感,从而陶冶情操。什么是心灵美?什么是礼乐美?什么是行为美?什么是健康美?什么是勤劳美?什么是科学美?什么是秩序美?什么是艺术美?当人们能够辨别这些时,自然能区分善恶美丑。美育熏陶让人向善向美,帮助人们形成健康的观念、趣味和理想,让人超越个人私利、私欲,培养高尚的人格,提升人生的境界。当每个人都成为更加美好的人,我们的社会也会因为个人情操的提升而变得更加和平美好,社会凝聚力和文化认同感也必然会得到提升。

温润心灵是美育浸润的终极指向,是指通过一系列积极的行为和心态调整,使人的内心世界变得更加平静、宁静、充实和美好。这通常涉及培养正面情绪、提升自我认知、增强自我控制力、建立良好人际关系等方面。一个物体要想看仔细还要多视角全面观察，你以为的四棱锥也许对面缺了一块角，多了一个面。物体尚且如此，更何况复杂的人和事呢？当我们面对学生犯错或失利时，应该学会放慢节奏，避免暴躁，耐心询问前因后果，给出指导性意见。优秀值得肯定，落后也应该得到关注，心怀善意与爱，才能温润心灵。被温润心灵的人可能更具有强烈的同理心去关怀温暖他人。

创新创造能力是指个人在面对新情境、新问题时，能够独立思考、提出新颖解决方案的能力，而美育在激发创新创造能力方面有着独特的作用。美育能拓宽人们的视野，激发想象力和创新思维、锻炼观察力和感知能力，这些能力都有助于提高人们的创新创造能力。对于个人而言，创新创造能力也是实现自我价值的重要途径。通过创新创造，人们可以发挥自己的潜能，实现自我价值，获得成就感和满足感。创新创造对社会发展也具有积极的影响。创新者通过提供创新的解决方案，可以帮助解决社会问题，改善人们的生活质量。例如，在医疗、教育、能源和环境等领域，创新创造可以推动社会的发展和进步，为人们的生活带来实实在在的改变。

美育浸润意义重大，我们应当将美育浸润渗透到生活、工作和教育中，使人们时刻感受到美的存在和影响。而我们作为教师，不管是艺术学科还是非艺术学科都应该认识美育浸润的重要作用，要将有意义的事有意识地做，有意识地将美育浸润渗透在课堂内外，去提升学生的审美素养，陶冶情操，温润心灵，激发创新创造活力，层层递进、环环相扣地实施美育浸润工作。如果你这样做了，我想美育浸润就已经发生……

（作者单位：合肥市裕溪路学校）

作为音乐老师做班主任教语文的那三年

马　敬

一、缘定天之选

入职的第一天，我的心情犹如过山车般起伏。在陌生的校园里，我像个探险家一般穿梭于各个角落，忙碌于大大小小的会议中，努力捕捉那些看似熟悉却又令人困惑的工作要点。就在即将下班的时刻，教导主任的召唤像一阵突来的风，让我这个职场小白心跳加速，紧张不已。正当我忐忑不安地走向楼梯口时，遇到了同我一起入职的美术老师，她的出现犹如一道暖阳，瞬间驱散了我心头的阴霾。我们边走边聊，得知学校目前急需一位语文老师兼班主任来填补空缺，希望在我们两位艺术学科的老师中能找到合适的人选。听到这个消息，我的内心经历了一场微妙的转变。虽然我没有教过语文，也没有担任过班主任，但我对未知领域总是怀着好奇与向往。那种想要挑战新事物的冲动在我心中悄然滋生，然而，对自己教学水平的不自信却让我犹豫不决，不敢轻易自荐。看到我们俩都没有主动请缨，教导主任提议用抓阄的方式来决定。当我打开纸条时，同事的脸上露出了一抹惊喜，我知道，我成了那个被选中的"幸运儿"。然而，我并没有感到沮丧，反而有一种如释重负的满足。就这样，我踏上了新的征程，与一年级（3）班结下了不解之缘。这段经历虽然充满了未知与挑战，但我坚信，在接下来的日子里，我会与我的孩子们一起成长，共同书写属于我们的精彩故事。

二、乐辅文飞扬

多年后的我，才深深领悟到，班主任与一年级班主任，这两者有着天壤之别。开学的第一周，仿佛每一天都在上演着家长与孩子失散的戏剧，每日的课堂更像是孩子们的游乐场，而"老师、老师、老师"的呼唤声不绝于耳。每一天，我都像战士奔赴战场一般，应对着种种突如其来的挑战，几乎无暇思考，只能慌慌张张地应对。然而，在年级的评比中，因班级孩子的学业成绩不尽如人意，我被约谈了。那一刻，我不禁开始怀疑：我是否真的适合这个职业，是否在误人子弟？我反思：是否因为我的专业与教学内容的不匹配，才导致了孩子们学业上的差距？在好胜心的驱使下，我私自占用了自己的品德课上语文，占用了自己的音乐课上语文。孩子们虽然心有疑虑，但慑于师命，也只得默默接受。长此以往，也有胆大的孩子会问："老师，你为什么给其他班的同学上音乐课，不给我们上？"迫于无奈，我就把电子琴搬到教室里，心不甘情不愿地"糊弄"起来。"弯弯的月儿，小小的船，小小的船儿，两头尖""江南可采莲，莲叶何田田""五星红旗，我们的国旗。国歌声中，徐徐升起"……一篇篇课文，都被我搬到音乐课上。有曲的唱曲，没有曲的就填词唱课文。更有甚者，看图写话题也被我套上了孩子们熟悉的儿歌曲调，"画里有什么呀？画里有什么？"孩子们一个接一个地唱答："画里有池塘呀，画里有太阳。画里小鸟叫喳喳，风筝满天飞……"那一刻我看到了不一样的他们，自由、快乐、充满了童真和欢乐。他们的成长之路好像被赋予了更多的色彩和欢乐。

三、人小挑重担

我的一年级（3）班，爱唱、爱演，他们充满了朝气和活力。运动会的开幕式上、班级合唱比赛中，他们宛如一颗闪亮的星，令人忍不住喝彩和赞美。表现突出的他们，成功赢得了代表学校参加区级合唱比赛的宝贵机会。而这次比赛，更是特殊——整班参与。对于一年级的小朋友，这真的是一项巨大的挑战。想象一下，一群刚刚入学的小家伙，要一同站在舞台上，用他们的声音去征服观众，去诠释音乐的魅力。这其中的困难不言而喻——音准的把握、节奏的掌控、情感的传达，每一项都是对孩子们尤其是对老师的考验，但好在我们都还是不怕虎的初生牛犊，就这样爽快而又愉快地应战了。

在准备比赛的过程中，我精心挑选了两首歌曲——《哆来咪》和《唱脸谱》。我的想法非常简单，就是用学习歌曲《哆来咪》的过程带着孩子们在轻松愉快的氛围中学会音乐的基础知识。我们从零开始，小步前进，所以孩子们学起来也并不费劲。而《唱脸谱》这首歌曲有着戏曲元素和深厚的文化底蕴，为了让孩子们在比赛中能够扬长避短，我邀请了有戏曲功底的家长来教孩子一些手眼身法的动作，一年级的孩子们虽然在演唱中声音的表现还不够稳定，但孩子们的身势动作真是可爱至极，令人眼前一亮。我带着他们利用一切课余时间一遍又一遍地排练，不断调整动作和表情，力求在比赛中展现出最完美的一面。他们的脸上写满了认真和专注，眼神中也写满了为班级、为学校的荣誉而战的渴望。

比赛当天，孩子们穿着整齐的服装，带着自信的笑容，走上了舞台。他们用最纯真的声音、最真挚的情感，完美地演绎了这两首歌曲。不能说他们的歌声有多动听，但是那种由内而外的精气神感染了现场的每一位观众。最终，他们凭借出色的表现赢得了观众的热烈掌声和评委的高度评价。

现在回想起来，这一段整班参与比赛活动的经历对于孩子们来说真的是一笔宝贵的财富，不仅锻炼了他们的意志和品质，更让他们学会了如何在团队中协作、如何面对挑战并勇往直前。这段经历如同一趟美好的旅程，让他们，也让我在成长的道路上留下了深刻的印记。

四、惜别心意浓

就这样一路陪伴他们走过三年。因为产假的原因，和孩子们暂别了一学期。产假结束后，我满怀期待地重返了熟悉的校园，但迎接我的却是一个令我开心不起来的"好消息"：学校已经聘用了语文学科的老师，我也将专注于音乐课的教学。尽管我深知这是工作的安排，但想到我的那群孩子，想到要告别那种朝夕相处的"相爱相杀"，心中仍涌起万般不舍。产假期间的暂别，本以为只是短暂的分离，却没想到就此不再担任他们的班主任，这让我觉得似乎欠了孩子们一个正式的告别。经过深思熟虑，我决定向新任班主任要一节课，我要给孩子们上一节音乐课，上一节我一直以来都欠了他们的音乐课。当我翻开四年级的音乐书时，《西风的话》这首歌立刻吸引了我的目光。这里既有我对孩子们的告别，也有我对他们未来美好的祝愿。歌词虽然简短，但每一句，都饱含了我对孩子们的嘱托和期望。我告诉他们，西风虽然带来了离别，但也带来了成长和希望。那一节课很安静，但不是死气沉沉的安静，是我和孩子们彼此能感受到对方的心有灵犀，是我们都很珍惜每一分每一秒的默契。这节课上孩子们听得专注、学得认真，他们用心地唱着每一个音符，"去年我回去，你们刚穿新棉袍。今年我来看你们，你们变胖又变高。你们可记得？池里荷花变莲蓬，花少不愁没颜色，我把树叶都染红"。歌曲描绘了不同时间所看到的场景，感叹时间飞逝，那份深切回忆和怀念美好生活的情感，在我和孩子们之间无须用语言过多的诠释，就随着旋律静静地流淌。我看着他们那专注而坚定的眼神，心中充满了欣慰和骄傲。最后，我们一起合唱了这首歌。孩子们的声音清澈而真挚，我们的歌声中充满了对过去的怀念和对未来的期待。那一刻，我仿佛看到了他们成长的轨迹，看到了他们在成长的道路上越走越远。下课铃声响起，我站在讲台上，孩子们起身站立，没有像小时候那样蜂拥而出，而是乐呵呵地拥着我问长问短，我"撵"他们别耽误我享受课间十分钟。他们散去的背影在阳光下显得格外温暖和美好，我知道，这将是我与他们最后一次在音乐课上的相聚，但这些美好的记忆将永远留在我的心里。我收拾好教具，走出教室。校园里的风轻轻吹过，仿佛带着西风的低语。我回过头，看着那个充满欢声笑语的教室，心中充满了感慨和不舍。但我知道，这些孩子将会带着我对他们的祝福和期望，勇敢地走向未来。

如今，每当我回想起那段与孩子们共同度过的时光，心中都充满了温暖和感慨。音乐如同一双无形的翅膀，让孩子们在学习的道路上飞得更高、更远。而我，也在这个过程中收获了无尽的快乐和成就感。我深知，只要我们用心去引导、去发掘，每一个孩子都能找到属于自己的那片天空。

（作者单位：合肥市行知小学）

我的追光故事

孙 苗

在一次偶然的阅读中,我读到了"一束微光的斑斓"这句话,觉得很有意思。它是指夜晚天空中星星点点的光芒逐渐增强,直至照亮夜空的景象。教师扮演着知识传授者的角色,这个过程不就像是一束微光逐渐绽放出绚烂多彩的光辉吗?我心目中的老师就是那束微光,引领孩子们绽放多彩的光芒。

有人说,教书育人是一场虐恋,挖空心思去爱一群人,最终只感动了自己;也有人说,教书育人是一场苦恋,费尽心血爱的那群人,终将离你远去。即便如此,依然会有这么一群人,日复一日,年复一年,守着一方教室,三尺讲台,任世界风云变幻,任两鬓青丝染霜,用自己的平凡与伟大,用自己的执着与坚守,放飞出一个个年轻的梦想与希望,把自己铸造成"麦田里的守望者"。作为一名人民教师,我深知肩上的担子有多重。从青葱岁月走上三尺讲台开始,我就踏上了一条艰巨漫长的育人之旅,也走进了千千万万孩子的艺术梦里,并写就了一个个育人的温暖小故事。

一、"坏小子"变形记

"老师,刘强(化名)拿我东西!""老师,刘强拽我辫子!""老师,刘强乱换座位!""老师,刘强说脏话骂人!""老师,刘强又跟同学打架了!"……

只要一进班级,都是关于他的事,好心情立刻变成坏心情。对他进行批评教育后,他便对你翻一个白眼,翘个二郎腿在那转笔,嘴里还嘟囔几句。这时我早已气得血压升高,脸涨得通红,转眼看到其他无辜的学生战战兢兢,生怕我的表情会失控,我只能深呼吸,调整情绪,心里默念:"不能生气,不能生气,生气他会更得意。"他也慢慢地变成了同学眼中的"坏小子",老师眼中的差学生。

作为他们班的副科老师,我一边庆幸每周只有两节他们班的课,眼不见心不烦,一边又很同情他们的主课老师,每天都在处理他的各种事件。他的母亲也被多次请到学校进行沟通,我正好跟他们班主任在一个办公室,也会跟他的母亲聊聊孩子情况。聊天中发现孩子的父亲是个脾气暴躁、文化程度低、一边护短一边又会打骂孩子的人。母亲则是唯唯诺诺、没有主见的人,孩子犯错了只会讨好地说"我们下次不打人了噢"这类的话。可以看出来这个家庭的教育是有极大的问题的,父母是孩子的第一任老师,你用暴力的方式对待他,他就学会用暴力对待别人。所以每次请家长来了后,情况没有变好,反倒是越来越差,最后只能要求他母亲来陪读。

每次上课,他母亲看着他,他不再捣乱,课堂纪律也好多了。但我心里有种说不出的感觉,既可怜这位母亲,把全部精力和时间都放在孩子身上,又心疼这个孩子,这个年龄的孩子是有自尊心的,只有他一个人的家长在学校,别的同学会怎么评价他?苏霍姆林斯基说过:"教育的基础在于深信有可能成功地教育每个儿童,我不相信有不可救药的儿童、少年或男女青年。"他本性是善良的,想交朋友,又不知道用什么方法跟别人沟通,所以做些小动作引起大家关注,只是家长的暴力教育,让他越走越偏。

我课后跟她母亲沟通,这样的小孩一定不要动手打他,打是解决不了任何问题的,反而会让他逆反心理更强,所以第一步要求家长不再打骂他。之后我们科任老师又沟通想主意,觉得每次上课先不要太关注他,让同学也不要用有色眼镜看他,课堂上只要他有一点进步,就向全班同学表扬他。事实上，后进生也有其闪光点。在美术课上，能看出来他还是喜欢画画的，只是每次都不带美术工具，所以无所事事，就打扰别的同学。我便跟他说，你要是能用铅笔把今天的内容画出来，老师把自己的画笔借给你，别的同学可是没这待遇哦！他眼睛一亮，认真地画起来，后来的作品很是不错，他也慢慢找到了乐趣。

半学期下来，他有了明显的变化，母亲也不再陪读了。美术课上他还能积极举手发言，作品也是多次挂在班级墙上展示。从天天被人打报告到自己的绘画作品被同学夸赞，其他老师也对他刮目相看，刘强的性格逐渐变得阳光、自信，也交了不少朋友。因为学校的安排，我后来不再带他们班，有次在校园里碰到，他立马向我敬礼，露出他的招牌笑脸对我说："苗苗老师好！"我摸摸他的头，那一刻一股暖流涌上心头，"苗苗老师"这个称呼只有他会说。

今年七月，这个"坏小子"即将毕业了，迎接他的是新的学校，新的同学和老师，希望他做好自己，勤奋学习，能在一个有爱的环境下成长，也能闪闪发光。

这件事让我明白，教育不是强迫而是引导，是春风化雨、润物无声的过程，是用一个灵魂唤醒另一个灵魂的过程。

二、拿起画笔 与心灵对话

德国教育家福禄贝尔说过："教育之道无他，唯爱与榜样而已。"在日常点滴中，我也践行着这一点。随着岁月的流逝和经验的累积，我感觉工作顺手多了，调皮捣蛋的学生也能得心应手地安抚，一切步入了顺利的轨道。直到有一次，我带着学生们去校园写生。

一位男同学，名叫小明，一直都很害怕画画，他觉得自己画得不好，怕被别人嘲笑。我发现了小明的犹豫，便悄悄走到他身边，轻声说："小明,你知道吗?画画不只是画出美丽的画面,更是表达我们内心的感受,闭上眼睛,让心灵与自然对话,先试着画出你心中的世界,让每一笔都充满情感,不用在意别人的眼光哦。"小明想了想后,鼓起勇气,开始用画笔描绘他心中的世界。他先画了一个大大的太阳,太阳的光芒照耀到云朵上,呈现出五彩斑斓的色彩,然后一只鸟儿立在枝头放声高歌,操场上有奔跑着的学长学姐,还有他和小伙伴们一起玩耍的情景。虽然画得有些稚嫩,但每一笔都充满了真诚和热情。

画完的时候,小明紧张地把画拿到我面前。我微笑着夸赞道:"小明,你画得真好!我感受到了你内心的快乐和温暖。你知道吗?每一幅画都是独一无二的,就像我们每个人一样。所以,无论画得如何,都要勇敢地表达出来哦。"之后学校举办画展,我把他的画也挑选出来展览,这些画得到了学校师生的一致好评。小明自信多了,从那以后,不再害怕画画,开始享受在画布上挥洒色彩的过程,用画笔记录下他生活中的美好瞬间。平时我也一直鼓励着我的学生,大胆创新,不拘泥于传统的绘画技巧,让学生从不同的角度看待世界,用独特的视角去表达自己的想法和情感,让每一个学生都能找到自己的艺术之路,也鼓励他们在艺术的道路上越走越远。我想,这就是教育的真谛吧,让每一个学生都能发现自己的闪光点,勇敢地追求自己的梦想。

回首十多年的教学生涯,我兢兢业业地工作在教育教学第一线,辅导学生参加各级各类的美术赛事,获得了不少成绩。工作之余潜心学习,撰写的教学论文和案例也多次在省市级刊物上发表,曾获得瑶海区"优秀教师""校本教研先进个人""优秀科技辅导员""书香教师"等称号,这些成绩的取得,见证了我的付出,也见证了我的成长。

靠近光,追随光,成为光,散发光,要想成为学生的一束光,自己要先发光。温暖、照亮学生是一件特别有意义的事情,我愿成为学生成长路上的一束光芒,照亮学生未来的方向,为他们的人生之路增添不一样的光彩。未来希望自己努力做个像老师一样有方法的妈妈,也希望自己努力做个像妈妈一样有温度的老师。

一次讲述，一段故事；

一场碰撞，一些共鸣。

我们脚踏实地，不驰于空想，在成长中收获幸福；

我们专注当下，不骛于虚声，在日常中不断奋进。

我的追光故事，仍在继续……

（作者单位：合肥市少儿艺术学校站塘校区）

以爱之名，绘制成长画卷

陶梦非

在教育的广阔天地里，爱是那抹最温柔的色彩，它无声地渗透在每一个角落，滋养着每一颗渴望成长的心灵。在美术教育与心理健康教育的交会处，我有幸见证并参与了一场关于"爱"的教学叙事，它如同一幅细腻的画卷，缓缓展开，向我们展示着爱的力量如何在师生间流淌，如何在画布上绽放。

一、爱的启蒙：美术教室里的温暖初遇

故事开始于一个春日的午后，阳光透过窗户，洒在美术教室的每一个角落，给这个充满创意的空间披上了一层金色的外衣。我作为一名美术教师，正站在讲台上，准备开启一堂关于色彩与情感的课程。学生们或坐或立，他们的眼神中闪烁着对未知世界的好奇与期待。

在这样一个平常却又不平凡的时刻，我注意到了他，一个总是躲在教室角落，沉默寡言的孩子。他的画笔似乎总是比其他孩子更加迟疑，每一次落笔都显得那么小心翼翼，仿佛害怕惊扰了什么。我决定，这堂课，要从他的心开始画起。

"同学们，你们知道吗？每一种色彩都有它独特的情感语言。"我微笑着说，同时拿起一支蓝色的画笔，"比如，蓝色，它可以是宁静的海洋，也可以是遥远的天空，它代表着平静与自由。那么，你们心中的爱，是什么颜色呢？"

这个问题像一颗石子投入平静的湖面，激起了层层涟漪。孩子们开始兴奋地讨论起来，而那个孩子，也悄悄地抬起了头，眼中闪过一丝光芒。

我走到他的身边，轻声问："你觉得呢？爱，是什么颜色？"他没有立即回答，而是低头想了想，然后缓缓拿起了一支粉色的画笔。"粉色，"他轻声说，"因为妈妈给我买的第一件衣服就是粉色的，穿上它，我觉得很温暖，就像被爱包围着。"

那一刻，我看到了他心中的色彩，那是爱的颜色。于是，我们一起在画布上轻轻勾勒，用粉色绘制了一片温馨的天空，那是属于他独特的爱的世界。

二、 爱的深化：心理健康的温柔护航

随着时间的推移，我发现这个孩子不仅在美术上展现出了独特的天赋，他的内心世界也更加丰富而敏感。我开始意识到，除了美术技巧的指导，他更需要的是心灵的关怀与引导。于是，我决定将美术教育与心理健康教育相结合，为他搭建一座表达自我、理解情感的桥梁。

在一次以"我的家庭"为主题的创作中，他的画布上只出现了孤零零的一棵树，没有人物，没有色彩，只有单调的黑白。我轻轻地坐在他旁边，没有直接询问，而是分享起自己小时候对家的记忆，讲述着那些温馨而又平凡的故事。渐渐地，他的眼神变得柔和，他开始讲述自己的故事。

原来，孩子的父母因工作繁忙，常常忽略了对他的陪伴，这让他感到孤独和被忽视。通过绘画，他无意识地表达出了内心的渴望与失落。了解到这一点后，我设计了一系列以"情感表达"为主题的美术活动，鼓励他通过色彩和形状来表达自己的情感，同时也邀请他的父母参与到这些活动中，让他们更好地理解孩子的内心世界。

经过几个月的努力，他的画作开始充满了色彩，画中不仅有了家人的

身影，还有了笑容和拥抱。更重要的是，他与父母之间的关系也得到了显著的改善，爱与沟通开始在家庭中流淌。

三、爱的共鸣：构建良好的师生关系

在这个过程中，我深刻体会到，作为一名教师，我们的角色不仅仅是知识的传递者，更是情感的倾听者和引导者。良好的师生关系，是建立在相互理解和尊重的基础上的，它如同一座桥梁，连接着师生的心灵，让爱与教育同行。

为了进一步加强这种连接，我尝试在课堂上营造一种开放、包容的氛围，鼓励学生们不仅分享自己的作品，也分享自己的故事和感受。每一次分享，都是一次心灵的触碰，让每个人都能感受到被听见、被看见的价值。

这个孩子的变化非常让人欣喜。他开始主动与其他同学交流，分享自己的绘画心得，甚至在一次班级展览中，他勇敢地站在自己的作品前，向全校师生讲述了自己的成长故事。那一刻，我看到了一个孩子在爱的滋养下绽放的光芒。

四、爱的延续：共创美好未来

随着时间的推移，美术教室里的每一个角落都充满了爱的故事。学生们在这里学会了如何用色彩描绘情感，如何用画笔记录成长，更重要的是，他们学会了如何去爱——爱自己，爱他人，爱这个多彩的世界。

这个孩子的故事，只是其中一个缩影。在美术与心理健康教育的融合实践中，我看到了无数颗心灵在爱的照耀下逐渐变得坚韧而温暖。他们学

会了用艺术的方式表达自己的情感，也学会了倾听和理解他人的故事。这种基于爱的教育，不仅促进了学生个人能力的提升，更在他们心中种下了理解、包容和爱的种子。

每一次与学生们在色彩与线条的世界里相遇，都是一场充满爱与惊喜的旅程。

类似这样的教育趣事还有很多……

记得那是一个阳光明媚的清晨，我走进教室，看到一双双充满期待的眼睛。这节课的主题是"自然之美"，我准备引导孩子们用画笔描绘出心中大自然的模样。

起初，孩子们有些拘谨，不知从何下手。我轻轻地走到他们身边，耐心地倾听他们的想法，给予鼓励的微笑和温暖的话语。有个小女孩怯生生地说："老师，我怕画不好。"我握住她的手，告诉她："画画没有对错，只要用心，每一笔都是最美的表达。"

慢慢地，孩子们开始大胆地创作。有的用鲜艳的色彩涂抹出五彩斑斓的花朵，有的用流畅的线条勾勒出巍峨的山脉，还有的用细腻的笔触描绘出潺潺的溪流。

在巡视的过程中，我发现一个小男孩眉头紧锁，纸上只有寥寥几笔。我蹲下身，轻声问："怎么啦，是不是遇到了难题？"他沮丧地说："老师，我觉得我画得不好看。"我仔细看了看他的画，指着其中的一处说："你看，这片树叶的形状很独特，这是你的独特视角呀。"在我的引导下，他重新燃起了信心，画面逐渐丰富起来。

当作品展示的那一刻，教室里充满了惊叹和欢笑。每一幅画都承载着孩子们对美的理解和向往，而我在其中看到了爱的力量。

在我的美术课堂上，还有一个名叫小晨的学生，他总是独来独往，上课时常常心不在焉，很少参与课堂活动，作品也显得缺乏热情和创造力。

一次课堂上，大家都在兴致勃勃地创作自己心目中的"梦幻家园"，只有小晨坐在角落里，拿着画笔却迟迟未动。我轻轻地走到他身边，蹲下身子，轻声问道："小晨，怎么还不开始呀？"他沉默不语，眼神中透露出一丝迷茫和无助。

我没有急于追问，而是拿起一张纸，坐在他旁边，开始画了起来。我一边画，一边和他分享我对"梦幻家园"的想象，讲述着我心中的温暖角落和美好的场景。慢慢地，小晨的目光被吸引了过来，他开始悄悄地观察我的画作。

过了一会儿，我停下笔，看着他说："小晨，老师很想听听你心中的梦幻家园是什么样子的。"他犹豫了一下，终于小声地说："老师，我觉得我画不好，我怕同学们会笑话我。"我摸着他的小脑袋真诚地说："每个人的作品都是独一无二的，都有自己的价值和魅力。画画不是为了和别人比，而是为了表达自己内心的感受。"

从那以后，每次上课我都会特别关注小晨，给他更多的鼓励和指导。课后，我也会找时间和他一起欣赏优秀的美术作品，分享创作的思路和技巧。渐渐地，小晨变得积极主动起来，他的作品开始充满了丰富的想象和独特的风格。在一次校园美术展览中，小晨的作品被选中展出，他脸上洋溢着自豪和自信的笑容。

这些时刻，我深深地感受到，作为一名美术老师，不仅仅要传授绘画的技能，更要走进学生的内心世界，用爱和理解去激发他们的创造力，让他们在艺术的道路上勇敢地展现自己。

美术教学不仅仅是传授技巧，更是传递爱与关怀。每一个孩子都是一朵待绽放的艺术之花，我们要用爱去浇灌，用心去呵护，让他们在美育的阳光下茁壮成长。

而作为一名教师，我也在这场爱的旅程中不断成长。我学会了如何更加细腻地观察每一个孩子的需求，如何用更加温柔和智慧的方式引导他们成长。我意识到，教育的本质，其实就是一场爱的传递，是师生共同成长、相互成就的过程。

如今，每当回想起那些与孩子们共度的时光，我的心中总是充满了感激。因为我知道，正是那些关于爱的故事，那些细腻的情感交流，那些共同创作的美好瞬间，构成了我们共同的记忆，也成为我们人生中最宝贵的财富。

在未来的日子里，我将继续以爱之名，携手孩子们，在美术与心理健康的广阔天地里，绘就更多关于成长、梦想和爱的美丽画卷。我相信，只要有爱，就有无限可能。

（作者单位：合肥市蚌埠路第二小学）

教师的光是指引孩子的方向

王冠男

我一直觉得教师的情怀,是一份深沉而炽热的情感,它源于对教育事业的热爱,对学生的关怀与期望。这份情怀,既是对知识的追求与传承,也是对生命的尊重与启迪。在教育的道路上,教师们用他们的智慧与汗水,播撒着希望的种子,浇灌着未来的花朵。他们用心去感受每一个学生的成长与变化,用爱去温暖每一个孩子的心灵。我觉得,教师的情怀没有固定的定义和答案,它跟教师自己的价值观、自身对教育的理解有关,这就是所谓的"成才观"。如果要用具体的词语去形容教师的情怀,我觉得那应该是教育里最柔软、最有温度的一部分。

因为我也曾被这样的温度温暖过。

郭声健老师分享的《青涩岁月里的蝴蝶胸针》让我湿了眼眶,也让我回想起自己学习生涯中遇到的"光"。

我与故事主人公乔塞不同的是,我不是个桀骜不驯、另类的学生,而更像一个扔进水里都不会溅起水花的"石头"。胆小、羞怯、自卑围绕着我,我是个偏科的"差学生",数学对于我来说就像一个无法挣脱的恶魔,我怕他,敬畏他,在他面前像一个丧家之犬。三年级分班考不久,我的新数学老师观察到我的"异样",这个看似严厉的老太太却经常笑眯眯地请我回答问题,结果可想而知,10次回答,答对不了2次,但每次她依然笑眯眯地说:"坐下再想想。"我当时很诧异,心想:这个老师怎么没有臭骂我呢?怎么会温柔地让我坐下再想想?就是她的微笑和浅浅的5个字,让我有了点自信——这个老师应该不讨厌我。

让我至今印象深刻的一件事,是一次数学课堂上,外面乌云密布,狂风大作，所有的学生都把注意力放在了教室外的天空上，而我，思路清晰地答对一题数学题，她睁大了眼睛，喜悦溢于言表，带着全班同学给了我雷鸣般掌声。她温柔又坚定说："我就知道你一定行。"那一刻，我感受到了前所未有的自信与喜悦。

在她的鼓励下，我逐渐走出了自卑的阴影，开始敢于主动举手回答问题，不再害怕出错；我开始热情地和老师打招呼，不再担心被忽视。她给予我的美好远不止于此。冰雹天，她带我们走出教室，让我们感受大自然的神奇魅力。冰雹像断线的珍珠项链般从屋檐上滑落，她乐呵呵地和我们分享着这份自然的奇妙。更令我惊讶的是，她还充当着我们的牙医，有一手徒手拔牙的绝活。有次，她特意把我喊到面前，问："你今天吃了什么啊？你家有什么小宠物吗？你妈妈做的什么菜你最喜欢吃……"在我还热衷于聊天的状态中，她还摸了摸我那颗摇摇欲坠的牙，猛地一拽，那颗摇摇欲坠的牙就出现在她的手里。她乐呵呵地说："你看，拔牙其实一点也不可怕吧？"她给了我光的方向，她让我感知生活的美好，不仅限于成绩的好坏。就像郭老师说的，教师的本质是育人，不仅仅是知识的传输，更重要的是给孩子鼓励，让孩子变得有血有肉，成为一个能感知爱、会付出爱的人。

如今回想起来，那段时光是我人生中最为宝贵的经历。至今感谢那位充满智慧和爱心的数学老师王老师，是她用微笑和鼓励点燃了我内心的希望之火，让我从自卑的泥潭中挣脱出来，勇敢地迈向未来。她的爱和智慧将永远伴随着我，成为我人生旅途中最宝贵的财富。

所以，被"光"照亮过的孩子，更知道"光"的力量。"光"可以穿过孩子的人生，照亮孩子寒冷、阴暗的地方，让他们知道怎么去面对困难和挫折，知道什么是真善美。教师的"光"对于孩子，就像那初升的太阳，温暖而耀眼，为孩子们的成长之路洒满金色的希望。

我一直希望成为孩子们的光，我也一直在努力这样做。在学校，每个班都有所谓的"差孩子"。我认真观察过这些孩子，他们有的活泼机灵，有的憨厚可爱，有的自卑胆小。他们给自己贴上标签，同学们也给他们贴上各种标签，"成绩差""老师总批评他""他什么都不会""他不行的"。我记得踏入学校的第一年，新接的是四年级。由于对孩子们都不熟，走进班级和同学们先相互认识后，我就准备开始选课代表。有个孩子坐得笔直，眼神很期待地看着我。我请他站起来，告诉他："你来当美术课代表。"话刚说完，讲台下哄堂大笑，好几个孩子，迫不及待地跳着站起来说："老师，他不行，他不行。他是我们班最差的。"我转过头去看那个孩子，他有点羞愧，低着头想放弃。我坚定地说："我相信你可以。"我没有改变主意，依然把孩子们心中重要的"职位"给了他。因为我自己曾经就是那个所谓的"差学生"，我知道，一个肯定，一个机会，能够给孩子带来多大的力量和勇气。

果然，在上美术课时，他总能认真地坐端正，哪怕画不好，也一遍一遍努力调整。别的科任老师有时在我面前抱怨他，比如跟老师顶嘴、不注意听讲……这与我印象里的他判若两人。他能在美术课上，认真地去画画，去思考，能把美术书和美术本都整整齐齐收发好，在我心中他是"好孩子"，是被"光"照亮的孩子。带了他们一个学期，我回家休产假去了。再回来见到他，他已经是五年级的孩子了，他们也去了别的校区。有一次在他们校区偶遇，他依然认出了我，激动地跑到我面前，喊了我一句："王老师好！"我走以后，看他站在那，呆呆地一直望着我。这个眼神牵绊着我，让我担心他好不好，同学们有没有再歧视他，老师有没有又批评他，他现在过得开不开心……

我想教师的情怀才是教育的一颗灵丹妙药。

因为这种光，如春风拂面，温暖着每一个学生的心田，点亮他们前行的道路。拥有一颗教育情怀的心，就是拥有了无尽的力量，能够引领学生走向更美好的未来。

这束光，它明亮而柔和，穿透孩子们内心的迷雾，照亮他们前行的方向。它让孩子们在困惑中找到答案，在迷茫中找到目标，在挫折中找到勇气。

　　这束光，它炽热而坚定，激发孩子们内心的潜能，点燃他们求知的热情。它让孩子们在知识的海洋中畅游，在智慧的天空中翱翔，在梦想的原野上奔跑。

　　这束光，它包容而深邃，关注每一个孩子的成长，理解他们的喜怒哀乐。它用爱温暖孩子们的心灵，用智慧启迪他们的思想，用耐心陪伴他们成长。

　　教师的"光"，是孩子们成长路上最宝贵的财富。她让孩子们在成长的道路上不再孤单，让他们勇敢地面对未来的挑战。他们用自己的智慧和爱心，为孩子们的人生之旅增添了无尽的光彩。

　　教育情怀，是那份对教育事业的坚守与执着，是那份对学生成长的关心与期待，她让我们在教育的道路上不断前行，不断照亮更多的孩子，帮他们指引正确的路，这不就是教师这个职业存在的意义吗？

　　我想，这一定是的！

（作者单位：合肥市行知小学）

在话剧浸润中师生共同成长

王诗璇

在那悠长而悠扬的旋律交织之中，舞台的帷幕尚未全然拉开，却已悄然编织起一段段超越音符的温情篇章。音乐教室的每一角，都浸润着梦想与汗水的芬芳，而我，作为这方寸天地间的一名引路人，有幸和学生共赴了一场关于梦想与成长的奇迹。

在那个春日的午后，阳光透过窗棂，斑驳地洒在排练厅的地板上，一群怀揣着不同梦想的孩子，因一部即将上演的话剧而紧紧相连。这不仅是一次对戏剧艺术的探索之旅，更是一场心灵深处温柔碰撞的序曲。其中，我与学生们的每一次互动，都如同乐章中不可或缺的音符，共同奏响了生命中最动人的旋律。

美育，作为培养人们审美情趣与创造力的重要途径，它在塑造个人品格、丰富精神世界和提升生活质量方面发挥着不可替代的作用。美育不只是艺术教育，它更是一种全面的教育理念，旨在通过艺术的形式和内涵，激发人们的感知、想象和创造力，进而促进人的全面发展。在美育的众多实践形式中，话剧表演以其独特的魅力占据着重要的地位。话剧表演不仅是艺术展示的一种形式，更是一种深入人心的教育方式。

合肥市瑶海区每年举行的德育文化艺术节是区里音乐老师们大展身手的舞台。活动项目丰富多彩，贴合学生实际，深受区内中小学生的喜爱，既让孩子们在舞台上大放异彩，也让音乐老师们更有价值感和成就感，区教体局和学校都鼓励音乐教师带领同学们积极参加。近几年，我都在学校负责演话剧这一项目，带领同学们排练话剧，展示自我。在话剧表演中，通过研读剧本，理解角色，体验情感，一个多月的排练时间结束后，孩子们都深深热爱上了表演，也对艺术有了更加深入的认识。

在话剧排练的过程中，有太多印象深刻的事情想分享出来，但在这里我只想讲一段关于我们共同成长的故事。

一、静水深流初露角，舞台璀璨圆梦想

故事的开篇，或许并不如古典乐章般庄重华丽，却自有一股质朴而真挚的力量，它源自一个简单却坚定的念头——在光影交错的舞台上，用我们的声音、肢体与情感，讲述一个能够触动人心、跨越界限的故事。当我确定接下排练戏剧这个重任时，远没有想到后面会遇到那么多的困难和挫折。发布话剧演员的招募令后，孩子们就纷纷行动了起来，他们互相约着一起来参与海选，讨论着要展示自己的哪些技能。我感到非常高兴，心想能有这些身怀才艺的孩子加入，一定能演出我心中最好的话剧。但我的心里也会想，由这方面特长本来就很优秀的孩子来展示自己固然是好，但那些从未获得掌声的孩子的舞台梦怎么呵护？当时的我只能安慰自己，先把任务完成是大，教育的事后面再找机会吧。

海选如期而至，同学们陆陆续续地走进了报告厅。看着他们略带兴奋和激动的笑脸，我的情绪也被调动了起来。分管副校长发表了热情洋溢的讲话，更将会场的气氛推向了高潮。随后孩子们或单独或两三个一组走上舞台，落落大方地自我介绍，展示自己的舞蹈、乐曲、朗诵等多方面才艺，还有的孩子现场来了一段课本剧，赢得了下面观众的阵阵掌声。他们都是经历过掌声的孩子，面带微笑地感谢、鞠躬，优雅地走下台，毫无意外也获得了几位评委的赞许。

海选中途，我起身外出，在快走到门口时，看到虚掩的门缝外正闪烁着几双眼睛，从瞪大的眼睛里我似乎看到门外的人正伸长了脖子，试图看看舞台上的人正在干什么。是被报告厅里一阵阵掌声吸引来看热闹的孩子

吗？我倒要看看是谁。我心里这么想着，脚步也从侧面走近了大门，抓住把手，忽然拉开，几个小男生出现在我面前，他们惊呼了一声，似乎像是干了坏事被发现一样，掉头就往教学楼跑去。我喊了声："想试就过来试试。"有个孩子的脚步慢了下来。

他回头看看我，我看到这是我所带班级的一位同学，有点面熟，但平时的课上一定不太活跃，我还叫不出他的名字。我回忆了带的几个班和刚才他身边的几位同学，虽不太自信却佯装镇定地说道："你是2班的吧，我记得你。"幸运的是，我猜对了。看到他忽然亮起来的眼睛，我心里长吁了一口气。"老师，你还记得我，我叫小A"。孩子还是单纯，上来就自报家门了。"要进去试试吗？"我问他，但却得到了否定的答案。他说只是陪同学来看看，自己并不想试试。但这样的小心思又怎么能瞒得过我呢？刚刚几位同学都跑光了，只有他听到我说"想试可以进去试试"停下了脚步。我也没有拆穿他，便说道："那我带你进去看看吧，省得你伸直了脖子也看不到。"我没等他回应就拉着他进了报告厅，进去后，他像条小泥鳅一样一滑，跑到最后一排的座位坐下了。

报告厅里的氛围依旧很热烈，孩子们在展示着自己，享受着掌声。一组接着一组，很快台上的表演就接近了尾声。我想起角落里的那个他，就拿起话筒说："如果还有想展示的同学，请一定要把握好机会。"说罢眼神往他坐的方向瞥了一眼。他坐得很远，看不太清，依稀只看到了他的头发，他肯定是低着头了。强扭的瓜不甜，我安慰了下自己，也就没有邀请他上台展示了，随后便宣布了今天的海选结果。

孩子们离场的时候，我特意走慢了些，赶在了他的身边。他有些垂头丧气，我猜是为自己刚刚的低头后悔。我拍了拍他的头，告诉他机会要靠自己争取，可能一瞬间的勇敢就能改变很多。他点了点头，默默地离开了。就这么结束了吗？我看着他的背影有些遗憾。

晚上，QQ的声音嘀嘀嘀地响了起来。孩子们QQ用得比较多，我有种预感是他来找我了。果然，他先是自我介绍了一番，随后问我话剧表演需不需要打杂的人，他可以来帮帮忙。确实，话剧一幕与一幕之间舞台布景的变化光靠舞台的演员还是不够，我便答应了他，告诉了他排练的时间。初次排练我给大家介绍，这是我们的剧务人员，是非常重要的幕后工作者，正是有了无数在台下默默付出的剧务人员，才有了台上一系列的精彩纷呈。听了我的介绍，他的笑容明显多了起来。台上的演员在表演时，他在边上聚精会神地看着，默默想着什么，有时候他需要进行舞台的布置，也能看到他的眼神飘向排练的舞台。

随着排练的深入，话剧内容逐渐增多了起来，但他总是能恰到好处地完成自己的工作，然后在台边的幕后认真地看着他们，有时手里还做着演员的动作，念念有词地说着台词。可惜不能让他上台，希望明年的话剧可以带上他一起。我看着他的时候心想，如果中途把他拉进来，似乎对那些认真准备和海选的孩子们不太公平，只能让他好好做着幕后的工作，在灯光暗的时候上下舞台，也算是登上舞台了。

但机会都是留给有准备的人的，一切都是那么的巧合。一位男演员在一次体育课上脚受伤了，无法再继续参加后续的排练和演出。这一天排练前，我把大家叫到一起商量着该怎么办，结果和我预料的一样，大家的目光都转向了小 A。看到大家的眼神后他很惊慌，第一反应就是连连摆手拒绝，说自己不行，自己还有布置舞台的工作。我告诉他我可以找一个人来替他，问他到底愿不愿意演，他又低下了头。这时他旁边的女同学说了一句话剧里的台词，问道："下一句是什么来着？"小 A 自然而然地接了一句，看来这个剧本他早已经烂熟于心了。旁边的同学纷纷夸赞了起来，"你没有上台都知道台词啊！""我演了这么久有时候都会忘词。"……小 A 慢慢地抬起了头，"要不我……试试？"话音刚落，大家就带着他上了舞台。

上台后我才发现，他的台词确实都记住了，动作也差不多，但最大的问题就是不自信，说台词时总是怀疑自己说错了，语气总带着几分不确定，做动作时也不够舒展，在台下看起来就有些畏畏缩缩。几段戏对下来，我叫停了他们。大家都清楚问题，以为我要批评他，至少是指出问题。小A也低下了头，似乎在等待我的审判。但我却让大家回忆，自己第一次上台、第一次排练的情景，大家若有所思地想了想，都摇了摇头。"初次登上舞台就演得很流畅，和大家搭戏没出现错误，能够保证话剧完整顺利地进行下去，这实在是太难了！"这时我看到小A抬起了头，眼神又闪烁了一下。果然，在下一段表演中，他台词开始不再发颤，越来越有底气了，他的动作也开始舒展大方了起来。在后面整个排练的过程中，每当他优秀地完成一个动作、演出一幕章节，我都会毫不吝啬地赞美他，让他感受到自己的进步和成长。当然，我也会指出他存在的问题，但会用一种鼓励和引导的方式，让他明白如何改进。在一次训练后的聊天中，他悄悄告诉我，其实，他的心底一直都有一个舞台梦。真好，他没有放弃！真好，我没有放弃！

终于到了演出的那天，我看着他在台上自信大方地表演，又想到了那天晚上他趴在报告厅外偷偷看的样子。一个多月的时间，孩子的变化肉眼可见。在这个过程中，需要作为老师的我无尽的耐心与爱心。舞台属于每一个想登上它的人，并非只有特定人才能在上面闪耀。而作为老师的我们，能帮助每一个渴望舞台、向往舞台的人实现梦想，是一件多么幸福的事情啊！

二、 书海泛舟追梦远， 舞台逐光克时艰

正当我觉得一切向好时，变故却突然发生了。作为一名艺术教师，我对学校的教学安排其实不太敏感，所以我并没有注意到随着排练的进行，期中考试也在逐步地临近。我慢慢发现，越来越多的孩子不能按照排练的时间集合，总会迟一点才到。迟到的人越来越多，时间也越来越久，问他们就说是老师在拖堂或者听写。孩子们的精气神也没有之前那么足了，怎

么都调动不起来，有的同学们甚至申请退出。于是，我中断了排练，把大家都叫到身边围坐起来。"最近大家都很累吗？"我问了问，随后孩子们七嘴八舌地说了即将期中考试的事情。他们的课业压力增加，老师和家长的唠叨也多了，还要面对记台词和动作的挑战，实在有些力不从心。

我突然反应过来是怎么回事，原来因为我的粗心和不在意，忽略了同学们日常的学习压力。我把自己的话剧排练放在首位，却没有和各班级的老师沟通清楚，忽略了学校是所有老师一起合作的大家庭。"老师，我真的觉得压力好大。"排练结束后，主演淑婷找到我，皱着眉头说。她手里还拿着剧本，但眼神里却满是迷茫和不安。我轻轻拍了拍她的肩膀，安慰道："我知道，期中考试快到了，大家都有些焦虑。但我们要相信，只要我们合理安排时间，一定能够既演好话剧，又取得好成绩。"

话虽这么说，但我心里也清楚，现实远比想象中复杂。最近，我收到了一些家长和老师的反馈，他们都对孩子们频繁的排练表示不满，认为这会影响孩子们的学习成绩。一天放学后，我特意留下来与几位家长沟通。一位母亲焦急地说："王老师，我家孩子最近天天都在排练，作业都没时间做，这样怎么能行呢？"我耐心解释："我理解您的担忧，但话剧排练对孩子们来说也是一种学习和成长。我们会尽量控制排练时间，让孩子们有足够的时间复习功课。"然而，这样的解释似乎并没有完全消除家长们的顾虑，他们依然担心孩子们会因为排练而耽误学习。

面对这种情况，我决定调整排练计划，做好话剧各项排练的分工，做到每一分钟的时间都花在"刀刃上"，尽量避开学生的课余时间，同时与各科老师、班主任沟通，寻找最佳时间，确保学生们不会因为排练而耽误学习。在一次排练结束后，我把学生们召集到一起，认真地说："我知道大家最近都很辛苦，既要排练话剧，又要准备考试。但请大家相信，我们是一个团队，只要我们齐心协力，一定能够克服眼前的困难。"我顿了顿，继续说道："接下来，我们会压缩排练时间，追求高质量、高效率地完成每次的排练，尽量不影响大家的学习。同时，我也希望大家能够合理安排自己的时间,既要保证排练的质量,又要保证学习的效率。"

我的话似乎让学生们感受到了我的决心和信心,他们纷纷表示会积极配合我的安排,努力平衡好学习和排练的关系。在接下来的日子里,我们将排练时间安排在课余时间,并且利用周末的时间进行集中排练。可喜的是,时间压缩了,学生们的认真程度却上升了;更可喜的是在期中考试中,大部分学生都取得了不错的成绩。

这次的小风波让我深深体会到了作为一个活动组织者,在组织活动时不能空有一番热情,更要有站在学生的角度思考问题的意识,应该全面地制订好计划。我想,这对我来说何尝不是一种成长呢?

三、 红梅傲骨颂英模, 话剧传情映师魂

这一次排练的剧本是《红梅》,来自我校一位非常优秀的男老师原创。作为教师,张桂梅老师的故事带给我太多的感动,每当看到她的故事我都会热泪盈眶,所以我先入为主地认为,学生们也一定会很受触动。

然而,在排练初期,我发现学生们对张桂梅老师的了解并不深入,他们的表演缺乏真情实感,更像是机械地背诵台词。我知道,想要让话剧真正打动人心,就必须让学生们深入了解和感受张桂梅老师的精神内涵。于是,我决定带领学生们深入了解张桂梅老师的故事。我利用课余时间,搜集了大量关于张桂梅老师的资料,包括她的生平事迹、教育理念、教学方法等,组织了一次关于张桂梅老师的主题交流会,与学生们一起分享这些宝贵的资料。

在分享会上,我首先向学生们展示了张桂梅老师在贫困山区执教的照片和视频。那些破旧的教室、简陋的设施,以及孩子们渴望知识的眼神,让学生们深感震撼。我告诉他们:"这就是张桂梅老师的工作环境,她在这里坚守了数十年,用自己的知识和爱心改变了无数孩子的命运。"接着,

我详细讲述了张桂梅老师如何克服困难，坚持为孩子们上课的故事。我提到她曾经步行数十里山路，只为给孩子们送去一本教材；我提到她用自己的微薄收入，为贫困学生筹集学费；我提到她不仅教书，还关心孩子们的生活，为他们洗衣做饭，甚至为他们筹集衣物和棉被。

在讲述的过程中，我注重引导学生们思考："如果是你，在这样的环境下，能否像张桂梅老师一样坚持下去？"这样的提问让学生们开始反思自己的学习态度和生活态度，也让他们更加敬佩张桂梅老师的毅力和奉献精神。为了进一步加深学生们对张桂梅老师的理解，我还设计了一些互动环节。比如，我让学生们分组扮演张桂梅老师和她的学生，通过角色扮演的方式去体验张桂梅老师的教学方法和教育理念。学生们在扮演过程中逐渐感受到了张桂梅老师的耐心和爱心，也体会到了她对教育的执着和追求。

在排练过程中，我不断引导学生们深入角色，体验张桂梅老师的内心世界。我让他们想象自己就是张桂梅老师，站在贫困山区的讲台上，面对着一群渴望知识的孩子们。我鼓励他们用自己的语言和动作，去表达张桂梅老师对教育的热爱和对孩子们的关怀。

随着时间的推移，学生们对张桂梅老师的理解越来越深入，他们的表演也越来越真实感人。在排练厅里，我常常能看到他们沉浸在角色中，用心灵去演绎张桂梅老师的故事。他们的眼神中充满了对张桂梅老师的敬意和感激，他们的动作中流露出对教育的执着和热爱。

终于，《红梅》这部话剧成功上演。舞台上的学生们用真挚的情感和生动的表演，将张桂梅老师的故事演绎得淋漓尽致。他们的表演感动了在场的每一位观众，当最后《红梅赞》的歌曲响起时，许多观众和台上的孩子都流下了感动的泪水。

演出结束后，学生们围在我身边，激动地分享着他们的感受。他们七嘴八舌地说着，通过这次排练和演出，他们真正理解了张桂梅老师的伟大和感人之处，在台上演出时泪水一次次地夺眶而出，也更加珍惜自己所拥有的学习机会。看着学生们充满自豪和喜悦的脸庞，我感到无比欣慰。我知道，这次排练不仅让学生们学会了如何演绎一个真实感人的角色，更让他们学会了如何用心去感受和理解生活中的伟大与美好。而我自己，也在这次带领学生们了解张桂梅老师的过程中，得到了深深的触动和感悟。我意识到，教育不仅仅是传授知识，更是引导学生们去感受和理解那些伟大人物的精神内涵，让他们在学习和生活中都能找到属于自己的价值与意义。

随着话剧的落幕，灯光渐渐淡出，但那份由汗水与欢笑交织的记忆，却在每个人心中璀璨如星辰，永不消逝。我们，这群曾经在音乐与戏剧的海洋中遨游的旅人，如今已站在了成长的又一个起点上。回望这段旅程，它不仅仅是对一部作品的演绎，更是对自我边界的勇敢探索，是对团队协作深刻理解的实践，更是心灵深处那份纯真与热爱的绽放。

（作者单位：合肥市第三十八中学）

我与"有墨安徽"的水墨缘

张华利

一、初遇·少儿中国画的魅力

记得那是2019年三月,为了开拓教学视野,向教育先发地区学习取经,我来到了浙江金华,参加了浙江省"新时代浙派少儿中国画创新教学培训"活动。浙江师范大学的李力加教授,浙江省特级教师曹建林、朱国华老师等专家关于少儿中国画教学的专题讲座,浙派少儿中国画教学成果论坛、浙派中国画教学实验课展示……精彩的内容令我目不暇接,在被深深吸引的同时,我也被深深震撼,原来少儿水墨画这么精彩,中国画教学创新实验课堂那么有特色……那一刻,我决定要成为少儿中国画创新教学实践者,探索少儿中国画教学的无限可能。我也积极申请,加入了浙江省曹建林名师工作室,成为省外(安徽)教研基地的学科带头人,正式开启了向长三角名师团队学习的征程。

二、启动·"有墨安徽"美育品牌的诞生

回来之后,我就在我的区名师工作室和我的美术课堂、国画社团的教学中大力宣传推广浙派少儿水墨画创新教学模式,并尝试展开了以表现童趣、激发创意为主题的教学内容革新,摈弃了照抄画册、机械临摹的成人

化、模式化教学内容。孩子们摆脱了枯燥的临摹和单一的技法练习，可以天马行空、无拘无束地用水墨表达创意、抒发情感，一下就喜欢上了国画课，课堂氛围也更加活跃、欢快了。

一枝独秀不是春。2019年9月，我被聘为合肥市瑶海区小学美术学科兼职教研员，利用这个契机，我又尝试将少儿中国画创新教学理念与实践研究在全区小学推广，以合肥市少儿艺术学校、合肥蚌埠路第三小学、合肥市琥珀名城小学、合肥市临泉路第二小学为主的一批瑶海区的中小学中国画社团如雨后春笋般蓬勃发展起来。浙江省曹建林名师工作室此时也利用线上线下双模式对我们合肥瑶海区的少儿国画创新实践这一刚刚诞生的美育项目给予全方位的孵化帮扶与指导。

随着研究与实践的不断深入，2021年初，浙江省曹建林名师工作室领衔名师曹建林老师提议我们的研究也要创建一个响亮的美育品牌，提升影响力。我的家乡安徽的文房四宝笔、墨、纸、砚样样俱全，名扬天下。"笔"有历史悠久的"徽笔"，"墨"有天下第一墨的"徽墨"，纸有"纸中之王、千年寿纸"和享有"国宝"美誉的中国画专用纸——宣纸，砚有四大名砚之一安徽歙砚。据此，安徽更是中国画名家辈出。早期大师有崔白、李公麟。黄山画派三巨子有石涛、梅清、渐江。新安画派更因渐江、汪之瑞、孙逸、查士标、程邃、汪家珍等而名震中外，影响深远。继承好这笔体现着深厚安徽地域文化财富的优秀传统文化，有着不可估量的重要美育价值。这正如习近平总书记说的："在历史长河中，中华民族形成了伟大民族精神和优秀传统文化，这是中华民族生生不息、长盛不衰的文化基因，也是实现中华民族伟大复兴的精神力量，要结合新的实际发扬光大。"

因此，"有墨安徽"少儿中国画创新教学这个品牌正式诞生。

三、探索·创新教学的深入实践

为响应国家《关于全面加强和改进新时代学校美育工作的意见》文件精神，我和团队的伙伴们开始围绕安徽的地域特色，结合安徽的历史文化、自然风光、人文特色，旗帜鲜明地开展了一系列以"徽文化"为主题的少儿中国画创新教学的实践与研究。教学中关注每个学生的个性差异，耐心指导，关注学生的情感需求，给予他们温暖和鼓励。让学生在学习水墨画技巧的同时，深入了解家乡的历史与文化，贯彻落实革命传统、中华优秀传统文化、社会主义先进文化教育，为学生成长培根铸魂。

"有墨安徽"少儿中国画创新教学成了瑶海区一张响亮的美育品牌。

2023年我又成功申报合肥市艺术社团张华利教育名师工作室。有了市名师工作室的平台，就有了更广阔的发展空间。我开始在全合肥市范围内"招兵买马"，吸引了长丰县第一中学凡婷婷、巢湖市人民路小学嵇友倩、合肥市郎溪路小学曹璐璐、合肥市蚌埠路第二小学陶梦非、长丰县杜集中心校王斌峰、合肥市临泉路第二小学吴晓丽、合肥市少儿艺术学校孙苗等一批优秀的、爱好并有志于传承中国画传统艺术的志同道合的优秀老师组建团队，联合区工作室的老师们一起进一步开展"有墨安徽"的创新研究。我的"水墨丹青"国画社团围绕红色水墨、生活水墨开展研究。我利用课余时间多次组织社团学生和家长走进渡江战役纪念馆和安徽省美术馆观摩学习，搜集整理资料，回来展开教学与创作。五年级的储思宇同学精心创作了一幅《打过长江去，解放全中国》的水墨画，当我把作品装裱好，挂在校园展览时，孩子开心得不得了，从放学妈妈接到他的那一刻起，就激动地和妈妈描述画装裱后有多么好看，自己的画也能展览是多么的开心……一直讲到晚上睡觉。二年级唐淇桢同学创作了一幅《我的爸爸》水墨画，他的爸爸见了后非常高兴，当场买下了孩子的画收藏，孩子的画被装裱好，挂在了家里，孩子卖出了人生的第一幅画，开心得不得了……孩子们崇敬英雄、学习英雄，关注生活、表现生活，在美术创作中充分享受了成功的喜悦，自信心与观察力、创造力都得到了进一步的提升。

工作室的曹璐璐老师还开展了"数字水墨"创新社团的研究，引入了数字化教学工具，如使用平板电脑进行电子水墨画创作，让学生体验到传统与现代的完美结合。这种创新的教学方式，不仅激发了学生的学习兴趣，也让水墨画这一古老的艺术形式焕发了新的生机。

此外，凡婷婷老师的"青春水墨"、赵婕老师的"童玩水墨"、吴晓丽老师的"劳动水墨"、陶梦非老师的"校园水墨"、王斌峰老师的"鸟岛水墨"、嵇友倩老师的"巢湖水墨"、张雅涵老师的"生态水墨"……犹如八仙过海，各显神通，让中小学中国画创新教学的实践研究呈现了一片蓬勃生机。

四、收获·艺术与教育的融合

研究的队伍不断壮大，我把工作室的微信公众号正式更名为"有墨安徽"美育学派。

近些年，党中央和教育部对美育工作高度重视，好消息也不断传来。2023年12月，《教育部关于全面实施学校美育浸润行动的通知》提出了美育教学改革深化行动、教师美育素养提升行动、艺术实践活动普及行动、校园美育文化营造行动、美育评价机制优化行动、乡村美育提质发展行动、美育智慧教育赋能行动、社会美育资源整合行动等"八大行动"，为新时代学校美育工作提供了重要的方向指引。

围绕这一文件精神，我和团队老师们相继组织开展了一系列丰富多彩的活动，如校园写生，博物馆、美术馆里的鉴赏课、临创课，美术馆展览等，为学生提供展示自己的平台，让学生在实践中锻炼和成长。继2024年1月1日在合肥久留米友好美术馆组织合肥市张华利名师工作室成员、师生和家长开展沉浸式的"美术馆课程——水墨人物欣赏与评述"活动取得良好社会影响和显著的学习效果后，1月5日至1月13日，以"水墨人物临创"为主题，我们又接连组织师生和家长开展了七场"美术馆里的水墨课"特色美育实践活动；2024年4月13日，继续组织师生和家长开展了一场别开生面的公教活动，即"皖美春色——合肥·久留米友好美术馆馆藏写生作品临创活动"。此次的系列活动辐射了近千名师生和家长，取得了良好的美育浸润效果。

为纪念老一辈革命家、国画大师亚明先生100周年诞辰，贯彻党的二十大精神，落实《教育部关于全面实施学校美育浸润行动的通知》的文件精神，用水墨画形式对话大师，抒发少年儿童爱党、爱国、爱家乡的家国情怀和热爱生活、热爱学习的美好情操，2024年5月2日下午，我带着团队的老师和社团的孩子们在亚明艺术馆又组织开展了"与大师对话：亚明作品临创活动"；紧接着，5月29日—7月2日，由瑶海区教育体育局和亚明艺术馆主办，合肥市少儿艺术学校和合肥市张华利（教育）名师工作室承办，以及瑶海区、巢湖市、长丰县十多所共建校协办的"纪念亚明先生100周年诞辰：水墨传情——合肥少儿水墨作品展"大获成功。展览一经推出就获得了社会各界的广泛关注与好评，各大报刊、电视台争相宣传报道，取得了令人惊喜的美育效果，加上延展，展期持续足足一月有余。我和工作室的老师们夜以继日、加班加点，精心辅导的四百余幅优秀的少儿水墨画作品，通过"对话大师""红色主题""童玩水墨""中华腾飞""生活水墨""劳动水墨""数字水墨"等部分，以青少年儿童独特的视角和创意，以水墨为媒介，充满童心童趣，描绘出自然之美、生活之趣；它们是孩子们对亚明先生艺术精神的敬仰与继承，也是对传统文化的热爱和传承。活动开启了馆、校、社美育实践活动的新模式，为全面加强新时代美育教育工作增添了靓丽的一笔。

五、展望·水墨画的未来

如今，我与"有墨安徽"的情缘还在继续，"有墨安徽"的过去、现在和未来必将成为我人生中不可磨灭的记忆。我将继续在少儿中国画创新教学的道路上探索，同时，我也希望将"有墨安徽"的创新教学理念带入更多的教育场景，让更多的人感受到水墨画的魅力，体验到艺术与教育融合的力量。

我与"有墨安徽"的故事，是关于梦想、探索与成长的故事。在与工作室师生相伴的日子里，我不仅给孩子们传授了如何用墨与纸创造美，更引导孩子们学会了如何用艺术丰富人生。这段经历，将成为我一生的财富，指引我在未来的道路上，继续前行，探索未知，用艺术点亮生活。

（作者单位：合肥市少儿艺术学校）

努力成为一名了不起的音乐老师

张雨娜

在教育的广袤田野里,我如一颗怀揣梦想的种子,渴望在音乐教育的土壤中生根发芽,绽放出绚烂的花朵。努力成为一名很了不起的音乐老师,是我心中熠熠生辉的目标,而参加音乐优质课比赛,则是我在这条道路上的一次重要征程。

今年,是我参加工作的第五个年头。在这匆匆岁月中,我时常忙碌不停,却鲜少能静下心来认真思考这几年自己究竟收获了什么,又是否实现了真正的成长。回想起我首次参加课堂评比,那是在2019年,也是我工作的第一年。当时的比赛规则是给定一个单元,由参赛者自行选择一课进行讲授。那时的我,完全是个新手,对于欣赏课毫无头绪,甚至不敢触碰,于是选择了一节唱歌课《小纸船的梦》。然而,这却成了我"噩梦"的开端。这首歌曲存在一个二声部,当时经验匮乏的我,整节课的设计平淡无奇,二声部的处理也极为仓促,最终只获得了二等奖的成绩。那次比赛的结果,对我而言无疑是个沉重的打击,我甚至陷入了自我否定的困境,觉得身边优秀的人比比皆是,自己毫无过人之处。此后,我变得不太愿意,也不敢再去参加各类比赛。

我的转变与成长,始于2022年参加区教坛新星的那半个月。在此,我非常感激学校给予我的这个宝贵机会。虽然最终只荣获一个"区教坛新星"的荣誉称号,但那半个月却是我飞速成长的关键时期。我尤其要感谢加入的第一个工作室的主持人方老师,是她对我的激励与鞭策,让我不断进步。在区里第一轮无声上课结束并进入第二轮后,方老师便开始每天为我布置任务,并要求按时打卡。那一个星期过得异常艰辛,但成长的速度却令人惊喜。最后现场课的呈现效果，我自己较为满意。赛后，许老师也给了我诸多的鼓励和信任，让我逐渐看到了自身的闪光点。正是从那次区里比赛之后，我开始变得越来越自信，越来越主动地参与各种活动。

以往总觉得"市级优质课"这一听起来颇具分量的名号与我毫无关联，然而今年，事情发生了变化。那是一个阳光明媚的上午，我得知自己有参加优质课比赛的机会时，毫不犹豫地报了名。心中既兴奋又紧张，兴奋的是能够在这个平台上展现自己的教学理念和方法，紧张的则是面对众多优秀同行的竞争，担心自己不能脱颖而出。随后，从区赛至市赛，比赛圆满落幕，前后历经一月有余。在这段有喜有忧、苦乐交织的行程中，我经历了无数的挑战与磨炼，也收获了满满的成长与感悟。我始终深信，只要在过程中全力以赴，结果便无须悔恨。此刻，我愿将自己的一些成长体悟以及参赛的心路历程诉诸笔端，与大家分享。

确定参赛课题的过程，就像是在茫茫乐海中寻找那颗最璀璨的明珠。我翻阅了大量的音乐教材和教参资料，反复思考什么样的课题能够既激发学生的兴趣，又能充分展现音乐的魅力和教育价值。经过深思熟虑，我最终选择了一首二年级歌曲《喜鹊钻篱笆》，这是一首充满活力和彝族民族特色的歌曲，有着丰富的教学可能性，但是如何将这首歌曲的魅力完美地展现给学生和评委，对我来说是一个巨大的考验。在最初的准备阶段，我沉浸在对歌曲的深入研究中。我查阅了大量的资料，了解这首歌曲背后的文化内涵、音乐特点和民族风情。我反复聆听不同版本的演唱，试图捕捉每一个细微的音符变化和情感表达。然而，理论上的准备并不足以应对实际的教学。在第一次试上时，我就遇到了挫折。我发现自己过于注重知识的传授，而忽略了学生的感受和参与度。课堂气氛沉闷，学生们的眼神中透露出迷茫和无趣。那一刻，我感到无比的失落和自责。回到办公室，我陷入了深深的反思。我意识到，优质课不仅仅是知识的传递，更重要的是激发学生的兴趣和热情，让他们真正地沉浸在音乐的世界中。于是，我重新调整了教学思路，设计了更多有趣的互动环节，让学生们能够亲身感受

《喜鹊钻篱笆》的欢快情境。接下来的日子，便是紧张而又忙碌的磨课时光。每一个教学环节的设计，每一句引导语的斟酌，每一份教学素材的筛选，都倾注了我大量的心血和精力。我常常在夜深人静的时候，独自坐在书桌前，对着电脑屏幕，一遍又一遍地修改着教学设计，只为了能让课堂更加精彩、引人入胜。

回顾这次备赛的经历，我不禁想起了与学生们之间的许多温暖瞬间。其中有一个名叫小方的学生让我印象极为深刻。

那天，由于是借班上课，所以我提前向班主任老师了解了班里的情况。得知班里有一个叫小方的女孩，性格极度内向，从一年级至今，除了和自己的家人交流，从未在学校里和老师、同学说过一句话。她的妈妈为此忧心忡忡，不仅带她去看过医生，还为她报了演讲与口才的兴趣班，然而，小方仍然在学校里缄口不言。在平时的音乐课上，她也总是默默地坐在角落里，几乎从不主动参与课堂活动。因此，在磨课过程中，我关注到了小方，特意将她安排在几个较为活跃的同学身边，期望她能够受到积极的影响。一开始，大家合作跟随音乐完成"搭篱笆"的环节时，小方还是显得特别拘谨，纹丝不动。随后的"邀伙伴"环节，她开始愿意配合着我做起简单的动作了。在接下来的"找朋友"环节中，大家需要根据音乐的特点，在出现节奏"友谊暗号"处找到一位好朋友玩拍手游戏。为了不引起她的注意，我事先留意好她的位置，并在不经意间故意走到她身边，假装自己也没有找到朋友。经过两次尝试之后，她终于放下戒备，放心地与我成为"好朋友"，玩起了拍手游戏。最后在喜鹊钻篱笆的游戏中，在小组同学的热情鼓励和热心帮助下，她渐渐地融入了团队，开心得像一只真正的小喜鹊，自由自在地穿梭于"篱笆"中。

课上完了，虽然我仍然没有听到她开口说一句话、回答一个问题，但是我在她那稚嫩的脸上看到了她发自内心的灿烂笑容。此时此刻，这个笑容胜过千言万语，让我感到无比的欣慰和满足。那一刻，我感受到了教育的力量和温暖。除了小方，还有许多学生在磨课的过程中给了我意想不到的支持和帮助。记得还有一次,在试上过程中,我设计的一个难点节奏练习环节效果不佳,学生们参与度不高,整个课堂气氛显得有些沉闷。课后,我感到非常失落和困惑,不知道该如何改进这个环节。就在我陷入迷茫的时候,班上的一位学生小蒴主动找到了我。小蒴是一个平时不太起眼,但对音乐有着独特感悟的孩子。她怯生生地递给我一张纸条,上面写着:"老师,我觉得这个节奏练习有点难,我好喜欢您之前带我们玩的拍手游戏,如果我们能一边玩着拍手游戏,一边学习我觉得可能会更好。"看着这张纸条,我的心中涌起一股暖流。原来,学生们一直在用心感受着我的课堂,他们也渴望能够在音乐的学习中获得乐趣和成长。受到小蒴的启发,我重新调整了节奏练习的内容和方式。在难点节奏出现时随机与一名学生玩起"你拍一,我拍一"的拍手游戏,通过游戏和互动的形式,让学生们在轻松愉快的氛围中逐渐掌握复杂的节奏变化。当我再次在课堂上进行这个环节的教学时,学生们的积极性明显提高了,他们的脸上洋溢着兴奋和满足的笑容。那一刻,我深深体会到了教学相长的真谛。这样的故事还有很多很多,作为老师在课堂上,学生们积极参与、歌声、笑声交织在一起时,看到学生们意犹未尽的表情,心中总是充满了成就感。

终于,迎来了正式比赛的那一天。我早早地来到了比赛现场,心情紧张而又激动。看着台下评委和观众期待的目光,我的心中充满了使命感。当上课铃声响起,我深吸一口气,带着自信和微笑走进了教室。"同学们,让我们一起开启今天的音乐之旅!"我的开场白刚落,学生们便用充满期待的眼神回应着我。课堂上,一切都按照我的预设顺利进行着。学生们积极参与互动,在每个环节,他们都发挥出了超常的表现力。比赛结束后,虽然结果还未揭晓,但我已经收获了很多宝贵的东西。在这段磨课的过程中,我不仅提升了自己的教学能力和专业素养,更重要的是,我与学生们建立了深厚的情感联系,共同谱写了一曲温暖人心的教育乐章。

回顾这段心路历程,我感慨万千。从最初的迷茫和困惑,到后来的坚定和自信,每一步都离不开学生们的陪伴与支持。他们的每一个建议、每一次努力，都成为我前进道路上的坚实基石。我深知，成为一名了不起的音乐老师，还有很长的路要走。但我相信，只要怀揣着对音乐教育的热爱，对学生的关怀，不断地学习和探索，我一定能够在这条道路上越走越远，为学生们带来更多精彩的音乐课堂，让他们在音乐的世界里茁壮成长。

未来，我将继续努力，用音乐点亮学生们的心灵，用教育传递爱与希望，让每一个孩子都能在我的课堂上，感受到音乐的魅力，收获知识和快乐。我相信，只要心中有梦，脚下有路，就一定能够成为一名让学生们惊叹不已的、了不起的老师！

（作者单位：合肥市幸福路小学）

一路花香，只因心中有爱

周盼盼

一位伟大的诗人曾深情地写道："花的事业是甜蜜的，果的事业是珍贵的，让我干叶的事业吧，因为叶总是谦逊地垂着她的绿荫。"当了教师，就是选择了叶的事业。教师的一生与花相伴，更因心中有爱而一路花香，教师的人生富有诗意而美好。教育是一门爱的艺术，教师就是爱的使者。不仅要教给学生知识，更重要的是要教会学生做人，而这就需要教师能用深厚的爱心浇灌他们的心田。

一、初遇时光

我对自己的第一堂美术课仍然记忆犹新。那是2018年9月的第一天，阳光明媚，一路上我都心跳如擂鼓，既兴奋又紧张——我不知道我精心准备的内容是能否激发孩子们的兴趣，我不知道第一次与孩子们见面该说些什么，他们对我的最初印象是好是坏，我甚至不知道自己讲课时会不会结结巴巴……但是当我踏进教室的那一刹那，看到孩子们一双双天真无邪的眼睛齐刷刷地注视着我时，我的呼吸差点停顿了。"老——师——好！"孩子们大方响亮的问好，让畏畏缩缩的我不禁有点羞涩，同时也打消了顾虑。在那节课上，我发现是孩子们在照顾第一次上课的、小心翼翼的我。他们认真聆听我的讲话，热情地回应我每一个互动。我给孩子们布置了一个有趣的作业——画一幅自己心中的梦想家园。所有孩子兴奋地拿起画笔和颜料，开始构思自己心中的梦想家园。有的小朋友画了一个大大的花园，里面种满了五颜六色的花朵；有的小朋友则画了一个充满奇幻色彩的城堡，仿佛自己就是城堡里的小王子或小公主。让我记忆犹新的是在课堂的角落里，有一个叫小山的小男孩，他平时比较内向，不太善于表达自己。这次，他画了一幅非常特别的画。画面中，有一个小小的房子，房子周围环绕着一片绿色的草地，草地上还有几只可爱的小动物在玩耍。虽然画面很简单，但却充满了温馨和幸福的气息。

我走到他身边，认真地看着他的画，微笑着说："小山你画得真好！你能告诉我，这幅画里有什么特别的故事吗？"小山面带哭腔地抬起头，小声地说："这是我梦想中的家，虽然它很简单，但里面有我最爱的爸爸妈妈，我觉得很幸福。因为我的爸爸妈妈离婚了，平时就我和爸爸在一起，我觉得我和别人都不一样……"

我听了小山的话，心揪了一下，轻轻拍了拍小山的肩膀，鼓励他说："小山，你的画很有情感，你表达出了自己内心的真实感受。记住，画画不仅仅是画出美丽的画面，更重要的是表达自己的情感和想法，要勇敢自信地做你自己。"

从那以后，他变得更加自信了，他也开始主动和同学们分享自己的画作和想法。小学美术课堂不仅教会了孩子们画画技巧，更让他们在创作中找到了自我表达和成长的快乐。

就这样我完成了教育职业生涯中的第一节课。现如今不知不觉已经从教六年了，六年说长不长，说短不短，对于美育这条路，我依然有很多迷茫。新课标背景下，美育是小学教育的关键组成部分，而美术学科是小学艺术课程的重要内容，因此我对美术教学的学习和探索之路还很长。在教育的田野上，我是一名耕耘者，见证了无数的种子在我眼前萌发，然后开花、结果。教育，是一场心灵的对话，每一个孩子都是独一无二的存在。我始终秉持着一颗耐心、细致和充满爱的心，去培育这些生命中的小小种子。

二、接纳"尖刺",因材施教

有的孩子就像蒲公英,无论飞到哪里,都能在新的地方孕育盛开。有的孩子却像带刺的玫瑰,虽然鲜艳美丽,但身上的刺总会伤人伤己。小伟就是这样一朵"带刺的玫瑰",幼小的身上却长着"尖刺"。他是三年级的孩子,骨子里带着些许"反叛因子",经常带头违反课堂纪律,在班级里是数一数二的小"刺头儿"。第一次去他们班里上美术课前,有老师就在办公室悄悄告诉我:"他平时喜欢调皮捣蛋,周老师你可要多注意一下他呀!"听到这儿我不禁心里一紧,但不论内心如何逃避,我还是走进了他们班。

果不其然,他上课时漫不经心,仿佛游离在课堂之外,每次我提问,他都不回答问题,我一不注意他,他就转头找别的同学聊天说话。座位也限制不了他,蹦跶出的声音比我戴了扩音器讲课的声音还要大。终于,我忍不下去了,走到小伟的座位前大声质问他:"你这么喜欢说话,上课时老师提问为什么不回答问题?"他一听,一张小脸瞬时揉作一团,甚至还带了些许的敌意。在后来的课堂中,他不再兴奋地"骚扰"前后左右桌的同学了,而是一个人落寞地缩在椅子上,百无聊赖地在墙上乱写乱画,我对他也失去了耐心,并没有打算去制止他。就这样,我和他在美术课上成了"最熟悉的陌生人",上课时他不是趴在桌子上呼呼大睡,就是捧着一本兵器书自己静静地看,完全切断了与我的交流。他浑身上下写满了抗拒。我们俩就这样相安无事地相处着。

直到有一天,我需要在这个班级上一节公开课,当知道这个消息时,我内心就开始祈祷,可千万不要让这个孩子毁了我的公开课啊!当我走进教室,他居然兴奋地在冲我挥手。我简直难以置信,我在想他该不会是想在公开课上给我找碴儿吧?想到这儿,我立马板起了脸,用严厉的眼神试图警告他：你老实点，别出什么幺蛾子！然而令我惊讶的是，他居然和其他同学一样，坐得端端正正的，小腰板挺得直直的，和平时上课表现简直判若两人。"如果哪位同学表现得好，周老师还会送他一个小礼物哦！"我说道。孩子们瞬间来了兴趣，而这个孩子的眼神也突然亮了起来，充满了期待。然而在那节公开课上，或许是因为后排陌生的听课老师太多，很多平时表现很好的同学都胆怯得不敢回答问题，只有这个孩子把他的小手举得高高的。当课堂上需要同学们上台作画时，他也第一个冲上讲台，勇敢自信地在众多老师同学面前表现自己的画作。而他的画作也出奇优秀，一看就是认真完成的作品。这时他抬起头，小声问我："周老师，我表现得好吗，可不可以送给我一个小礼物呀？"那一刻，我的内心有些自责。我平时对他这么冷漠，在公开课上他还能够"不计前嫌"，表现得这么好，让我不禁暗自感叹：我原以为是我包容了他课堂上的不良表现，结果被包容的是我自己。在与这个孩子的相处过程中，我深切地感受到，孩子的内心是如此的敏感与脆弱，而他们又是多么地善良与纯真。每一个在美术课堂上的孩子，都是居住在绘画星球上的小精灵，他们性格各异，或乖巧，或活泼，但无一例外都拥有巨大的潜能，等待着我们去发掘。而我们也要多一分耐心与温柔，多一些理解与尊重，以此回馈精灵们对我们的爱与包容。

随着时间的推移，我看到了这个孩子更加开朗和自信，经过和他的相处，可以发现他身上很多闪光点，作为一名教师，这是我最大的成就。回首这些年的教学生涯，我深深地感慨：教育不仅仅是知识的传递，更是心灵的触摸，是对每一个生命的呵护和引导。每个孩子都是一粒珍贵的种子，他们在我们的呵护下，将绽放出最灿烂的花朵。我坚信，只要给予足够的关爱和正确的引导，每个孩子都能在生命的土壤中生根发芽，开出属于自己的花朵。

在这样的信念下，我开始更加关注学生的个性和需求，努力为他们创造一个充满爱与理解的美术环境。我鼓励学生们相互尊重，彼此帮助，共同成长。我也学会了倾听他们的心声，理解他们的困惑，引导他们找到解决问题的方法。教育是一场漫长的旅程，每个孩子都在旅途中逐渐成长为独立、有思想的个体。作为教师，我深知自己的责任重大，但同时也感到无比的幸福和荣耀。能够见证这些小小种子生长为茂盛的大树，是我最大的幸福。

在未来的日子里，我将继续用我的爱心、耐心和细心，去培养更多的小小种子，帮助他们在生命的田野中绽放出最美的花朵。正如冰心所说，世界上没有一朵鲜花不美丽，每个孩子都有他们独特的光芒。我相信，通过我的努力和孩子们的努力，我们的教室将会变得更加多姿多彩，充满生机与活力。

（作者单位：合肥市香格里拉小学）

以爱育人，静待花开

周盼盼

谢尔·希尔弗斯坦曾说："它们看起来灰蒙蒙，总得有人去擦亮星星。因为那些八哥、海鸥和老鹰，都抱怨星星又旧又生锈，想要个新的我们没有，所以还是带上水桶和抹布，总得有人去擦亮星星。"

在浩瀚无垠的宇宙中，星星们静静地闪烁着，它们像是无数个小眼睛，凝视着这个神秘而美丽的世界。每当夜幕降临，它们便点亮了黑暗，为我们带来了无尽的遐想与憧憬。星星，是夜空的守护者，也是心灵的寄托。它们似乎在诉说着古老而深邃的故事，引领我们走进一个充满奇幻与浪漫的世界。每一个孩子都是一颗独特的星星，老师就是擦星星的人，哪怕这颗星星不够闪亮，甚至残缺不全……

时间的齿轮缓缓转动，每个刻度都记录着岁月的痕迹，悄然停留到2023年9月那个金色的午后。阳光似乎比往常更加耀眼，透过窗户映出一道道金色的光斑，斑驳地洒在办公桌上，我正静静地坐在那儿，翻阅着手中的教案，却突然接到了一个特殊的任务——为一位名叫小鹿的智力缺陷女孩送教上门。我们学校一（1）班有一个特殊的女孩子叫小鹿，她是一位智障儿童，智力发展比同龄孩子迟缓。由于她的特殊情况，无法像普通孩子一样走进学校，接受正规的教育。小鹿的父母非常担心她的成长和未来，他们四处寻找能够上门教授小鹿的老师。所以找到了学校，和我们学校相关负责人商量，能否安排任课老师每周送教上门。随后学校找到了这个班级的所有任课老师说明了情况，我也是其中一员。这个任务对我来说既是一个挑战，也是一个机会，它让我能够更深入地理解教育的真谛。但刚开始我对这个任务充满了排斥和不安，因为这需要在我每周的繁忙的学校教学工作的基础上，额外再增加一节课，并且小鹿的情况特殊，我需要付出更多的耐心和精力去与她沟通。而且这个孩子住的地方离我们学校很远，位置很偏，还需要我们每周"长途跋涉"到孩子家里去上课。但是迫于学校安排，我只能硬着头皮去。就这样，带着满心的疑惑和一丝丝恐惧，我开始了我教学生涯中特殊的送教之旅。

第一次去上课，我紧张而又认真地像我平时的常规美术课那样备课，我和语文老师一起，伴随着我们的敲门声，孩子的奶奶和妈妈开门迎接我们，孩子躲在身后。这是我第一次见到她，我这才发现原来孩子是脑部发育严重障碍，智力有缺陷，比我想象的更严重。她不会说话，也不会与人沟通，甚至我们说的话她都听不懂，但她那双清澈的眼睛里充满了对知识的渴望和对未来的憧憬。那一刻，我深深地被触动了，决定要用自己的知识和爱心去帮助她。然后我回过神来也瞬间意识到，我的课白准备了，这没法像常规课那样上课，于是我和语文老师立马改变策略，并没有立马想着"上课"，而是坐下来和妈妈聊了会，了解孩子的情况。后来我们根据小鹿的智力和认知能力，以游戏的方式寓教于乐，认真教小鹿辨认颜色，倾听小鹿的声音，并进行了简单的绘画教学。但是在与小鹿的入门教学过程中，我遭遇了许多预料之外的挑战。

小鹿的沟通能力与众不同，这是我面临的最大挑战。她无法像普通孩子那样用语言来表达自己的想法和感受，这使得我们之间的沟通变得异常困难。我尝试通过观察她的表情、动作和声音来解读她的需求，但很多时候我仍然感到迷茫和无助。为了克服这一难题，工作之余我在网上查了很多特殊教育的方法，查阅了大量的特殊教育资料，制订了详细的教学计划，准备以最好的状态去面对小鹿。同时，我也积极与小鹿的父母沟通，了解她的成长经历和生活习惯，以便更好地了解她的内心世界。我还需要面对自己内心的挑战。有时候，我会因为小鹿的进步缓慢而感到沮丧和失落，甚至怀疑自己是否能够胜任这份工作。但是，每当看到小鹿那纯真的笑容和一点点的进步时，我都会重新振作起来，坚定自己的信念和决心。

我深知，教育是一个长期而艰辛的过程，需要耐心、毅力和爱心。只要我能够坚持下去，就一定能够帮助小鹿走出困境，迎接美好的未来。

每一次上门，我都尽力让自己保持耐心和细心，用最简单易懂的方式去教授知识，对孩子的听力和发声方面进行针对性训练。我每次都会为小鹿带来丰富的绘画材料和工具。我尝试用各种方式去引导她，激发她的兴趣和潜能。而每当我看到小鹿那一点点的进步和变化时，我都感到无比的欣慰和自豪。我会根据小鹿的兴趣和能力，设计不同的绘画主题和活动。有时候，我会教小鹿用画笔在纸上涂鸦，让她感受色彩的变化和混合；有时候，我会带小鹿一起观察周围的事物，用画笔描绘出它们的形状和轮廓。我知道，与小鹿沟通需要更多的耐心和理解。不能急于求成，而是需要耐心地引导，鼓励她尝试和表达。我会观察小鹿的绘画过程，从中发现她的进步和亮点，并及时给予肯定和鼓励。她是一颗有个性的星星，有时候我会思考她的特殊沟通能力究竟是什么，她的内心世界又是怎样的，这些问题一直困扰着我，让我无法释怀。我带着好奇和疑惑，继续陪伴着小鹿走过了一个又一个难忘的日子。而这段特殊的送教经历，也成为我人生中一段难以忘怀的旅程。

时光荏苒，转眼间，我已经陪伴小鹿走过了一年多的时光。虽然过程中遇到了很多困难，但每当我看到小鹿那一点点的进步，听到她发出的模糊但充满喜悦的声音时，我觉得一切都是值得的。每一次与小鹿的接触，都像是打开了一个潘多拉的魔盒。她的眼神深邃而迷离，仿佛隐藏着无尽的秘密。她的动作和表情也充满了奇特的含义，让我捉摸不透。我尽力去解读她的每一个细微动作，试图与她建立起沟通的桥梁。我和小鹿也慢慢有了感情，刚开始她对我很疏远，现在我们彼此之间的举动和肢体交流都有了默契，她会在课堂上紧紧拉着我的手，用肢体语言表达对我的信任和依赖；我们去之前，她会提前在门口等我们，一进门就拉着我的手进上课的房间，中途还会坐我腿上和我亲近；她会在我们离开时，用飞吻的方式向我们告别，脸上洋溢着幸福的笑容。每当我看到她那灿烂的笑容和期待的眼神，我都深感自己的责任重大，也更加坚定了继续为她送教上门的决心。

送教上门，需要我们做的事有很多，虽然困难，但我仍然积极面对。如今我的心态也有了转变，由刚开始的"不情愿"到现在每一次的"期待"，我期待与小鹿的每一次见面，她仿佛是我精心浇灌的花朵，我需要每周见到她才放心。因心中有爱，在送教的过程中看着她才会"丹心热血沃新花"；因心中有爱，才会"衣带渐宽终不悔"。烈日寒冬，虽然每次去的途中是辛苦的，却也感动着，因为我们随时可能收获一个又一个惊喜。

生命犹如星辰，远望像一盏灯，近看是一团火。在"照亮"别人的过程中，也"照亮"了我自己。教育是心灵的艺术。我们教育学生，首先要与学生之间建立一座心灵相通的爱心桥梁。我相信，在小鹿的心中，也许我也有一些微光在照亮她，虽然她无法表达。我不知道这样的送教工作会持续多久，至少我们相遇过，而我在她的成长过程中存在过。这段特殊的送教经历，让我深感教育不仅仅是传授知识，更是传递爱心和温暖。在未来的日子里，我将继续用自己的知识和爱心去陪伴小鹿，帮助她更好地成长和发展。

我相信，在教育的道路上，只要我们用心去爱，用心去教，就一定能够点亮更多孩子的人生之路。有人说："教育是一棵树摇动另一棵树，一朵云推动另一朵云，一个灵魂唤醒另一个灵魂。"这段特殊的送教经历将成为我人生中宝贵的财富，它让我更加坚信教育的力量是无穷的。在未来的教育道路上，我将继续前行，用自己的知识和爱心去温暖每一个需要帮助的孩子，愿我们每一位教师，都能成为那摇动树、推动云、唤醒灵魂的使者，用我们的师德之光，照亮学生前行的道路，为他们的人生旅途增添无限光彩！

（作者单位：合肥市香格里拉小学）

理性的思考

美育浸润行动下音乐教育何以"育美"

陈亚运

《教育部关于全面实施学校美育浸润行动的通知》中，聚焦深化学校美育内涵，以浸润作为美育工作的目标和路径，将美育融入教育教学活动各环节，潜移默化地彰显育人实效，实现提升审美素养、陶冶情操、温润心灵、激发创新创造活力的功能。以美育浸润学生、美育浸润教师、美育浸润学校为任务和目标，全面提升学生文化理解、审美感知、艺术表现、创意实践等核心素养，发挥教师职业的美育功能，塑造人格魅力，涵养美育情怀，在充满活力的校园文化下，建设时时、处处、人人的美育育人文化与校园环境。

美不仅是一种精神享受，更是一种生命的追求，关乎德行。美育是审美教育，也是情操教育和心灵教育，在教学体验中，不但能提升人的审美素养，还能潜移默化地影响人的情感、趣味、气质、胸襟，激励人的精神，温润人的心灵。作为感受音乐的第一步，对乐曲情感的把握是最直接、最能打动聆听者的第一步。打动一个人的可能是歌声、旋律、歌词、歌手，但是歌曲传递的情感是作者和听者链接的纽带。

在美育浸润行动的背景下，最先具有紧迫感的是我们美育教师，关于教师美育素养提升行动自然成了八大行动中的一项。教师在美育浸润行动中起着关键、核心的作用。记得小学时的我，音乐课程有数学老师教过、语文老师带过，这种情况在如今的偏远山村依然会存在。不过那时在唱《让我们荡起双桨》时是那么的美好，仿佛自己与同伴正在划着船荡漾在波光粼粼的湖面，"海面倒映着美丽的白塔，四周环绕着绿树红墙，小船儿轻轻飘荡在水中，迎面吹来了凉爽的风"。那时候对音乐的学习并不知什么是节拍、节奏怎样才准确，就在老师自然的演唱影响中感受到歌曲轻松自然的状态，感叹学生悠闲轻松的美好，自然地就被歌曲感染到，从而产生对美好生活的向往。这便是美化作无形的种子，播种在心间。

一、爱他、爱您与爱乐

曾经有个问题一直徘徊在我的脑海中：孩子们是喜欢我，还是喜爱音乐？还是喜爱我的音乐课？每次见面我都是轻声唤我的孩子们，换个老师，他们还会想我吗？我还值得他们想念吗？我怎么能让他们记得我，像我对我的老师一样，至今难忘恩师呢？我想我应该真心去爱护每一个孩子，让孩子在爱我的同时，也喜欢音乐。最关键的是人的教育，师德为先。

我有一个外号叫"姓名贴"，凡是我见过的名字很难忘记。同事打趣道："凡是经过你脑袋的名字，就像刻进你脑子了啊！"仔细想想确实如此。今年已是工作的第9个年头，带过的学生很多，综合老师一带就是多个班级。我对课堂要求较高，看见有同学不听课，小动作的总得管上个一二，管吧，总得直呼其名，总不能说"那个蓝色衣服的""那个回头说话的"，于是直呼其名是实施课堂管理最方便、最有效的方式。在我心里，熟悉自己的学生是最起码的尊重，这也是给予学生有效的关注。我想如果爱自己的学生，一定知道他是谁，说起他来一定也了如指掌。

爱"您"是个大学问，是值得我们学习一生的。义务教育艺术课程以立德树人为根本任务，全面落实有理想、有本领、有担当的时代新人培养要求，那担此大任的教师更是需要有理想、有本领、有担当。滋养一颗纯洁美好的心灵是美育的一部分，更是"育美"的重要目标。对教育的赤诚之心、教师的教育情怀是让我们赢得学生喜爱的必胜法宝，爱"您"了，爱您的课还远吗？爱您的课了，美的传递还远吗？我曾经历过一次突发情况，一位科学老师临时请假需要我帮忙救急，于是我去了，可孩子们甚是期待科学课的到来。我悄悄地翻开科学书，一看，我确实不能误人子弟，于是自我介绍是一名音乐老师。这下孩子们兴致来了，"老师，你给我们上节音乐课呗！""好，正合我意，收书，咱们上音乐课。"一节课下来，有同学问我："老师，你什么时候教我们音乐？"我想，我们大概在六年级相遇。

二、走进生活，汲取身边的音乐

接下来我想说说教师"育美"的主阵地——课堂。音乐课堂是实施美育浸润行动的主要阵地，小学的音乐课程目标不是培养艺术家或者艺术人才，而是为了以美育人、以美化人、以美润心、以美培元，教师需要紧紧专注育人的核心任务，带着专注育人的想法，以育人为主，音乐知识技能教学为辅，充分挖掘和整合课程内容，引导学生学会欣赏美、表现美、创造美、传递美。就是能将音乐学习中的美带入生活中，让生活中的音乐也能走进课堂中。

今年我执教的是六年级和三年级。在开学第一周，我围绕"龙"的主题，引入龙的相关歌曲及文化背景作为开学特色课程。"龙"系列的歌曲有《雪龙吟》《龙》《遍地龙鳞》等。这几首歌曲都有一个共性，那就是在弘扬中华优秀传统文化。《雪龙吟》是 2022 年北京冬奥会倒计时 10 天的助力歌曲，歌曲一开始就是高潮："我一声龙啸凌云志，热血燃冬扶摇起，看长城内外这天地，山河云开笑容里；我一声龙啸跨东西，踏雪而来创奇迹，来双奥之城感动你，神舟铿锵亿万心。"学生聆听完后热血沸腾，歌曲还加入了说唱形式，也是孩子们喜爱的形式之一。在这样的背景下，学生学习音乐的主动性大大提升，课堂氛围高涨。《龙》是 2024 年龙年春节联欢晚会中的一首演唱曲目，我们首先观看视频展开对歌曲的初识。视觉和听觉的共振，舞美和声美的完美组合，以及深植于中华文化的歌词，让学生深爱不已。这首歌的歌词学习具有一定的难度，再次聆听时，我让学生们找出印象最深刻的歌词，进行揣摩分析，关注歌曲表达内容与情感。"今天我们都是龙，腾飞翱翔千万种，用不同的心跳连成了五千年的梦。今天我们都是龙，不管你有多普通，将愿望磨成箭，将希望绷成一张弓，破风向前冲。"课后，请学生记录歌词，反复朗读，揣摩歌词深处表达的内涵；或反复聆听学唱歌曲，让学生能用歌声表达歌曲传递的精神，弘扬中华民族优秀文化。

三、音乐课堂的"润物细无声"与"润生有心"

"随风潜入夜，润物细无声"是杜甫笔下春雨悄悄滋润万物，唤醒成长美德的描绘，而教育中的"润物细无声"便是教学中秉行的潜移默化原则。音乐课程就是在欣赏、表现、创造、联系中培养核心素养，提升学生发现美、感知美的能力，深化审美体验。因此，我们可以以欣赏为先导，引导学生欣赏优秀作品、聆听经典音乐等，而音乐教材中的作品都是经过甄选的优秀经典作品。聆听习惯的培养尤为重要，通过欣赏，学生能够体验到音乐的情绪情感。在二年级下册第四单元"美丽家园"中，歌曲《草原就是我的家》是孩子们特别喜欢演唱和表现的歌曲，他们欣赏了美丽的大草原，通过打卡景点的方式，展开音乐唱游教学，孩子们在欢声笑语及愉快的活动体验中学习歌曲、表现歌曲、传唱歌曲，也了解可以通过音乐赞美家乡，表达对家乡的喜爱。这一系列的活动体验，不仅提升了学生的审美感知能力，还培养了他们的艺术表现力，通过创设情境的实践，升华到对文化和生活的见解，从而达到"润物细无声"的效果。

教育是"以人为本"的教育，教师不仅传授知识，更是传递一种精神、一种态度、一种对专业的追求。身为美育浸润行动的践行者，我们应该倍感自豪，应以积极的态度响应号召，弘扬真善美，塑造美好心灵，专注于美育浸润行动下的"育美"工作。育人先育己，我们只有在美的道路上不断前行，在提升专业能力的同时，不忘提升个人修养，修炼内心，才能在美育这条道路上做到因材施教。带着这样的心境，我想我们会在美育浸润的路上相见。

（作者单位：合肥市琥珀名城小学教育集团明皇路小学）

以"情"入境,"生"临其境

陈亚运

一、我与乐,结情缘

　　一个意想不到的结果:"do re mi fa sol la si",上初二才懂这是音乐上的音的唱名和简谱的我,现在竟然是一名小学音乐教师。可能有人会怀疑我这个老师的专业能力,但请相信,我真的是一名热爱音乐,有理想信念、有道德情操、有扎实学识、有仁爱之心,"孩见孩爱"的音乐老师。

　　音乐仙子应该早在小小的"我"身旁播下了种子,让我对唱歌有深深的热爱。初二时,我的中学才有钢琴,有了一位专业的音乐老师给我们上大课。那时候的我为了搞清楚"do re mi fa sol la si"到底怎么和简谱对上,还给自己的手指头编上了序号。中考成绩不理想的我考入了五年制的大专,来到城里上学,是我的姑姑一路带领着我,为我指引方向。那是一所培养幼儿教师的学校,自然要学的还不少,舞蹈、唱歌、弹琴、画画、高中文化课等,可丰富了。

　　一天晚上,我和姑姑一起散步说话,她问我最喜欢什么课,我说喜欢弹钢琴。可以说我的命运齿轮就此正式转动了。姑姑亲自为我找钢琴老师,单独上小课,就连交学费这回事姑姑都不告诉我,就让我好好学,暑假我也不回家,继续学琴。幼师也要学习乐理和声乐的,我们的声乐老师很厉害。每到考试,她总会说学号前几位的同学唱得很好,其中也有我。在学校我也加倍用功练琴,别人不去的琴点我去练习。那时我并不知道姑姑为什么要让我学钢琴。直到五年毕业了，要面向社会工作，我却转了道，去高中补习班，走上了艺术高考生的道路。幸运的我，第一次高考就进了大学，学习音乐专业。慢慢地，在2015年9月，我成了一名音乐教师。

二、"乐"有情，能"动"人

古人云："凡音之起，由人心生也。"歌曲动人不仅仅是歌者声音动听，更在于歌者能用歌声传情。当人们用言语不足以表达自己的情感时，就用音乐来传递情感，达到"共情"之效，音乐也是作者抒发情感的方式之一。追忆当年耳畔飘过的歌，如今依然记忆犹新。"小鸟在前面带路，风儿吹向我们，我们像春天一样，来到花园里，来到草地上。鲜艳的红领巾，美丽的衣裳，像许多花儿开放。"这首《快乐的节日》迅速将我带到美好的小学时光。"采蘑菇的小姑娘，背着一个大竹筐，清早光着小脚丫，走遍森林和山冈。"幻想着自己就是采蘑菇的小姑娘，也要学习她的勇敢善良。"小螺号嘀嘀嘀吹，海鸥听了展翅飞。小螺号嘀嘀嘀吹，浪花听了笑微微。""小螺号"一遍遍深情地呼唤，是盼望爸爸安全归来的心情。"让我们荡起双桨，小船儿推开波浪，海面倒映着美丽的白塔，四周环绕着绿树红墙。"这首轻快愉悦的歌似乎真的将我带入北海公园。这样的一首首歌打动着我，让我在不懂音符、节拍、节奏的情况下，成为一名爱唱歌的小女孩。音乐正是以它独特的方式吸引着无数的人，润物细无声地感染着、熏陶着、浸润着所有人。让我们不知不觉中了它的"情"，入了它的"境"，爱上了它——音乐。

曾看过一篇文章——《今天，你让学生听"足"了吗?》。这个标题让我有所触动。音乐是听觉艺术，在音乐教学实践中，不仅要丰富学生的音乐体验，听觉感知也是音乐审美能力不可或缺的一部分。听！听谁的？怎么听？要达到什么目标？要备好课，这些问题都值得老师思考和设计。吸引学生的第一点就是老师的专业素养，再后来老师的师德师风就会慢慢地浸入学生的心灵，老师可以成就学生，学生也会成就老师。

三、"声"有情，"生"动情

情感体验是感知音乐的基础。歌曲的情绪、旋律，歌词及歌者深情的演唱等共同作用，让歌曲一代一代地传唱下去。我的孩子从幼儿园带回了这首《小乌鸦爱妈妈》，她总是喜欢用轻柔的语调唱给我听。每次听，真的觉得这首歌曲太好听了，无时无刻不触动着我、感动着我，整个幼儿园三年都会听到她时不时地唱这首歌。现在想想不禁莞尔一笑，真是可爱的乌鸦，可爱的孩子。我想她的老师一定也是深情款款地唱给她们听，这也正是范唱的力量，用"声"传递了深厚的感情。老师有感情的范唱，可以直接拨"动"孩子们的心弦，引发共鸣。

歌唱是以歌声来表达人的思想感情，声音是传达感情的媒介，抒发感情是歌唱的目的，音乐的情感可以直接抵达人的心灵深处。如今在德育为先的背景下，音乐更是起着立德树人的重要作用。歌唱唤醒孩子内心的真善美，带领孩子们徜徉在音乐的海洋里探索无限的奥秘，身心健康向上。

四、"乐"有境，身临其境

在我的理解中，音乐产生"心境""意境"和"情境"。听着《每当我走过老师的窗前》，歌曲将我们带入回忆的梦境中。静静的深夜里，老师伏案批改作业，彻夜的灯光不知何时才能熄灭。生活化的歌词、悠扬的旋律深入每一位学生的内心，情景浮现，"声"临其境。《羊肠小道》是一首欣赏曲，也是一种音乐游记。在做教学设计时，我始终不知如何让学生能够进入音乐，感受音乐描绘的意境，感受音乐世界的美妙。为此我将音乐反复聆听了二十余遍，结合作者创作的背景、查看作者想表达的情感。我突发奇想，就以乐曲中的主角人——"驴"来导入。开始就是音乐中乐器模仿驴的尖叫。带着好奇、探索的心，将学生带入主人和驴所处的环境——峡谷中的"羊肠小道"。用乐器与音乐要素的结合，生动描绘出一场旅人和驴一起行进在羊肠小道上的情景，有悠闲观赏，有急促狂奔，有驻足歌唱，有星空闪烁。学习乐曲过程中，始终以"情节"为线路，与音乐相结合，让学生身临其境地感受音乐。

音乐来源于生活，生活就是一个大情境。很多歌曲都能向我们展示生活的美好、地域的文化、民间的习俗，令人在歌曲学习中就产生了无限的向往。《赶圩归来啊哩哩》更是唱出了彝族人民生活的样态，歌曲以欢快的旋律和丰富的情感，结合生活化的歌词，形象地展现出彝族姑娘们赶圩归来的喜悦场景。其实这首歌曲的创作背景也正是作者去广西采风，体验乡村生活，看到了当地彝族姑娘赶圩的情景。这首歌也让我们仿佛随音乐走进彝族姑娘赶圩归来的真实场景。

五、"人"有情，能"化"人

音乐课程标准从双基的人本位到三维目标人本位，再到核心素养的整体性、终极性、内在性、关键素质，最后到《义务教育艺术课程标准（2022年版）》。在坚持目标导向、问题导向、创新导向的原则下，其核心在于弘扬真善美，塑造美好心灵；坚持以美育人，充分发挥艺术课程在培育学生审美和人文素养中的重要作用。育人是一种双向的作用，教育最终留给孩子的会是什么？反问自己，你最爱的老师是怎样的？是什么让你这么久了还念念不忘？我可以成为孩子们念念不忘的老师吗？我该怎么做？

做一名有情怀的音乐教师，做一名音乐教育的"大先生"，郭声健教授点醒我作为一名音乐教师的初心，就如他所展现出的理想中的音乐课堂："有一种音乐叫高高在上，有一种音乐叫平易近人；有一种音乐叫枯燥乏味，有一种音乐叫栩栩如生；有一种音乐叫无情冷漠，有一种音乐叫润物无声。"音乐教育到底该如何，我们内心知晓。郭教授说道："教育情怀就是具有积极的情感，端正的态度，正确的价值观。具有人文底蕴和科学精神，尊重学生人格，富有爱心、责任心、耐心，做学生锤炼品格，学习知识，创新思维，奉献祖国的引路人。在'双减'背景下，我们美育课程的关注度有所提升，那也是作为音乐人的骄傲。让我们怀揣梦想，做真正有情怀、学生喜爱的音乐老师。"

（作者单位：合肥市琥珀名城小学教育集团明皇路小学）

发掘小学美术第一学段"设计·应用"课堂中的美育价值

樊 睿

小学美术第一学段指的是一、二年级。在这个阶段,孩子们的认知、情感和身体都在快速发展,但他们的注意力、思维抽象能力和手眼协调能力相对较弱。美术教师在进行美育教学时,需要深入思考和探索如何有效地将美育理念融入课堂教学中,以实现学生审美与人文素养的全面提升。

小学美术"设计·应用"课堂,以其独特的教学内容和方式,为学生提供了一个较为理想的学习平台和环境,不仅能够激发学生的创造力和想象力,还能够有效地培养学生的审美情趣和综合素养。以下是笔者在课堂教学中对这个问题的思考。

一、 第一学段学生美育的重要性

2018年和2020年,教育部基础教育质量监测中心发布了两份中小学生艺术(音乐、美术)学业质量报告,数据表明:我国青少年学生的审美素养整体发展水平有待提高,一般性审美接触的结论暴露出青少年学生艺术学习基础能力的薄弱,亟须下更大力气落实艺术新课标,深化教学变革,遵循美育特点,用全面实施的美育浸润行动予以扭转。

《义务教育艺术课程标准(2022年版)》的出台,2023年12月《教育部关于全面实施学校美育浸润行动的通知》的发布,不仅是2020年中共中央办公厅、国务院办公厅《关于全面加强和改进新时代学校美育工作的意见》在课程教学改革战略部署上的关键抓手，更是全面加强和改进学校美育工作、实施美育浸润行动、稳步提高学生审美和人文素养的着力点。

核心素养是课程育人价值的集中体现，是学生通过课程学习逐步形成的适应个人终身发展和社会发展需要的正确价值观、必备品格与关键能力。如何落实以素养为本位的美育课程，是每一个艺术教师所关注的问题。在当前价值指向引领、素养导向的大概念教学趋势下，美育对其塑造审美观念、培养创造力、促进全面发展、培养社交能力、增强情感体验等方面具有不可替代的作用。

笔者多年执教小学美术第一学段，深知低年级学生还保留着学龄前儿童的某些心理特点，需要凭借具体的形象进行理解和分析，需要更直观、更具有感染力的教学方法。艺术教师习惯了知识与技能教学，要转向能力与素养发展的教学、指向育人目标的教学，这是一个新挑战。

二、"设计·应用"课堂的特点与价值

美术的"设计·应用"课堂是一种将美术教育与设计思维、应用实践相结合的教学模式。这种课堂特别强调学生主动参与和创造性思维的培养，以设计和应用为核心，通过实践活动让学生深入理解和掌握美术知识，同时培养他们的审美情趣和创新能力。"设计·应用"课堂具有以下四个特点与价值：

（1）实践性。"设计·应用"课堂强调学生的动手能力和实践经验的积累，通过具体的设计和创作活动，让学生将所学的理论知识应用于实际中，从而加深理解和掌握。通过实际的设计和应用活动，学生能够学习到如何将理论知识转化为实际操作，这不仅能够提高他们的美术技能，还能够增强他们的手工能力和实践操作能力。

（2）创新性。该课堂鼓励学生发挥个性和创造性，不拘泥于传统的美术教学模式和内容，而是鼓励学生探索新的表现形式和设计理念，激发创新思维。在设计和创作的过程中，学生需要不断思考和尝试，这种过程能够有效地激发学生的创新思维和解决问题的能力。

（3）综合性。在"设计·应用"课堂中，美术教育与其他学科知识（如科学、数学、语言等）相结合，通过跨学科的项目和活动，培养学生的综合素养和问题解决能力。通过将美术教育与其他学科相结合的跨学科项目，学生能够在多个领域获得知识，增强综合素养和适应未来社会的能力。

（4）互动性。课堂上鼓励学生之间的交流和合作，通过团队合作的设计项目，增进学生之间的互动和沟通，培养团队协作能力。通过丰富多样的设计活动，激发学生对美的感知和鉴赏，培养学生的审美情趣，提高他们的艺术鉴赏能力。

三、"设计·应用"课堂中美育价值的体现

国家有关美育文件明确指出，要将美育融入学校整体教学，实施综合课程。这就要求对学生而言，艺术不只是浮于学校课程体系之外的边缘课程，教师应该关注深层次的意义与育人价值，采用多样的教学方式与评价方式，促进学生核心素养的进一步形成。

学生是发展中的人，教师也是。也正因为如此，我们的教育才在不断探索中得到向前迈进的动力。教师只有不断丰富自己的教学理与教学经验，创新教学方法，变革学习方式，才能更好地为学生核心素养的培养提供源源不断的能量。在核心素养发展的学习变革中，教师便是导航者。

我们要以美育浸润学生，全面提升学生文化理解、审美感知、艺术表现、创意实践等核心素养，丰富学生的精神文化生活，让学生身心更加愉

悦，活力更加彰显，人格更加健全。对此，"设计·应用"课程便是很好的抓手。"设计·应用"课程侧重于通过设计活动，让学生在实践中学习美术知识，培养审美和创造能力。课程内容围绕生活实际，鼓励学生将美术知识应用到日常生活中，通过设计创作展现个性和创意。该课程通过寓教于乐的方式，使学生在设计创作中体验美的过程，感受美的快乐，从而深刻理解美的本质，提升审美和创造能力。例如笔者在教授二年级课程《小扇子》一课时，通过扇子各异的形象、美丽的图案等来引起学生的学习兴趣，学生通过欣赏、感受、设计、选材、制作等过程，充分体验设计制作活动的乐趣。学生在课堂中了解有关扇子的文化、种类及欣赏价值，尝试着采用多种材料来制作小扇子，培养观察生活的能力，进而创造出形状各异、图案不同，可以在不同的场合使用的小扇子，在此过程中同时激发学生热爱中国传统艺术的情感及对生活的热爱，提高学生的审美情趣，培养学生学习与人交往和合作，增强同学之间的凝聚力，培养学生的自信心，让他们能大胆地表现自己的设计思想，勇于展示自己的个性。课程的设置充分体现了新课标中第一学段的学习任务，运用所学知识进行传承与创作。

"设计·应用"课堂通过多样化的设计项目和实践活动，引导学生观察生活，感知美，从而培养和提高学生的审美意识。学生在创作过程中，需要考虑作品的美观性、和谐性和创新性，这有助于他们形成对美的独到见解和深刻理解。在这种课堂模式下，学生被鼓励发挥自己的想象力和创造力，探索不同的艺术表达方式和设计方法。通过自主选择主题和材料，学生能够自由地表达自己的想法和情感，从而促进创造力的发展。通过对美术作品的创作、分析和鉴赏，学生能够学习到美术的基本元素和原则，如色彩、形状、线条、构图等。这些活动有助于学生提升对艺术作品美感的理解和鉴赏能力，进一步提升他们的审美能力。同时，课堂常常会融合本土文化元素和传统艺术，通过设计活动让学生了解和探索本国及其他文化的美术特色。这种跨文化的学习经验有助于学生形成对自身文化的认同感和尊重其他文化的态度。在设计和创作过程中，学生可以表达自己的情感和体验，通过艺术作品与他人进行情感交流。这种情感表达和交流有助于学生情感的发展，增强他们的同理心和社会交往能力。

美育是一个长期的过程，并不追求速成，而是需要自幼小开始，在成长过程中以润物无声之姿态逐渐感染、渗透，直至深入人心。"设计·应用"课堂通过培养学生的审美意识、激发创造力、提升审美能力、强化文化认同感、促进情感发展以及增强实践与探索精神等方面，全面体现了美育的内涵和价值，对学生的全面发展具有重要意义。美术教师的美育思考是一个持续探索和实践的过程，需要不断地根据学生的需求和时代的发展，调整和优化教学策略，以实现美育教学的目标。在"设计·应用"课堂中，教师可以通过多种教学方法和策略，如情境创设、问题引导、作品欣赏、创作实践等，激发学生的审美兴趣，培养学生的审美情趣。小学美术第一学段的学生更应该加强问题导向的项目化学习，在对美术创作具有好奇心和想象力的驱动下，提升核心素养。

（作者单位：合肥市东风小学）

基于学科融合理念的艺术课堂实践探索

方慧琴

学科融合是指学科之间的交叉与结合,通过整合不同学科的知识、理论和方法,形成新的综合学科或跨学科领域。教育部 2022 年 4 月颁布的《教育部关于印发义务教育课程方案和课程标准（2022 年版）的通知》中,"学科融合"一词高频出现,成为新一轮课程改革的热点。

学科融合的意义包括以下四个方面：一是解决复杂问题。学科融合可以将不同学科的知识和方法整合起来,解决复杂问题。许多实际问题往往涉及多个学科领域,单一学科的角度无法全面理解和解决这些问题。二是推动创新和发展。学科融合有助于创新思维和跨学科合作,推动科学和技术的发展。通过学科融合,可以产生新的理论、方法和技术,促进学科领域的交叉与创新。三是提高学科研究的深度和广度。学科融合可以拓宽学科研究的视角,提高研究的深度和广度。通过将不同学科的理论和方法相互融合,可以更全面地理解和研究问题,提高研究的科学性和有效性。四是培养跨学科人才。学科融合培养跨学科人才,能够满足社会对综合能力强、具有多学科背景人才的需求。跨学科人才能够在不同学科领域中进行有效的沟通和协作,解决复杂问题,有助于实现综合发展。

总之,学科融合的背景与意义在于提高问题解决能力、推动学科发展、拓宽研究视角和培养跨学科人才,有助于应对复杂多变的社会需求和挑战。

一、艺术课堂中学科融合的优势与意义

在学科融合中,艺术课堂可以扮演重要的角色。美术教学中融入多学

科元素，有助于激发学生创新思维，开阔学生视野，增强美术课堂的生命力，提升学生综合素养。艺术课堂在学科融合中可以承担重要作用。首先，能培养学生的创造性思维和表达。通过绘画、音乐、舞蹈、戏剧、影视等艺术形式，培养学生独立思考、创造性解决问题的能力，从而为其他学科融合提供新的思维方式。其次，实现跨学科融合。艺术与其他学科如科学、文学、历史、心理学等领域相互渗透，促进跨学科融合。通过艺术创作，可以体现科学原理、历史事件和文学情感等，让学生在创作中融入多个学科知识的理解。再次，增强对情感与社会情境的理解。艺术课堂提供了一个情感和社会情境表达的平台。在艺术课堂中，学生可以通过创作表达自己的情感、观点和价值观，增强对社会问题的理解和反思，从而培养学生的社会责任感和关怀意识。最后，增强对多元文化的体验与理解。艺术课堂能够引导学生接触、体验和理解不同文化的艺术形式和创作风格。欣赏和学习不同文化的艺术，可以增强学生对世界各地文化的理解和尊重，培养跨文化交流的能力。

综上所述，艺术课堂在学科融合中扮演着重要的角色，它可以培养创造性思维和跨学科能力，提供情感和社会情境的表达平台，增强对多元文化的体验与理解。通过艺术课堂的融入，学生可以在不同学科之间建立联系，拓宽视野，丰富综合素养。

二、 艺术课程实施学科融合的基本策略与方法

艺术课程实施学科融合的基本策略与方法可以从以下几方面着手：

第一，跨学科项目或课程设计。设计跨学科的项目或课程，将不同学科的内容有机地融合在一起。通过设置共同的主题或问题，引导学生从不同学科的角度探索和解决问题。例如，可以设计一个以环境保护为主题的课程，结合美术、科学、语文等学科的知识和技能，进行综合教学。

第二，融合学科知识和技能。在学科融合中，要重视学科知识和技能

的融合。鼓励学生在学习过程中运用不同学科的概念、理论和方法，解决问题或完成任务。例如，在一次科学实验中，学生可以运用美术、信息和数学的知识和技能，呈现实验结果。

第三，跨学科合作与交流。鼓励学科教师之间的合作与交流，实现学科的融合。教师可以组织跨学科团队，共同设计课程或开展研究项目。同时，学生也应被鼓励进行跨学科合作，通过集体讨论、小组项目等方式，共同解决问题，为学科融合提供多元角度。

第四，培养综合素养与创新能力。学科融合旨在培养学生的综合素养和创新能力。在实施策略与方法上，要注重培养学生的跨学科思维能力、创造性和批判性思维等方面的能力，以便学生能够灵活运用不同学科的知识和方法，解决复杂问题。

第五，制定评估与评价机制。为了确保学科融合的有效实施，需要制定相应的评估与评价机制。评估应涵盖对学生的学科知识和技能的评价，同时也要评估学生的跨学科能力、创新思维等综合素养。评估方法可以包括作品展示、综合考试、项目报告等形式。

总之，学科融合的实施策略和方法应该注重跨学科项目或课程设计、融合学科知识和技能、跨学科合作与交流、培养综合素养与创新能力以及制定评估与评价机制，这样才能有效促进学科融合的实施和学生的综合发展。

例如，在探索美术教育的过程中，我曾经尝试将人民美术出版社的小学《美术》三年级上册中的《黄色与蓝色的画》一课与绘本《小蓝和小黄》相融合，收到了意想不到的效果。通过跨学科的教学方式，让学生们在欣赏美、创造美的同时，增强对色彩的理解和运用能力，培养了他们对生活的热爱和创造力。

《黄色与蓝色的画》一课的教学重点是让学生学习如何以黄色或蓝色这两种颜色为主色调来创造一幅黄色的画或者一幅蓝色的画。而绘本《小蓝和小黄》则通过两个小主人公的故事，展示了黄色与蓝色混合后产生的新奇变化，寓意着友谊和融合的力量。将这两者相结合，可以让学生在学习色彩知识的同时，也感受到故事的情感色彩，达到寓教于乐的目的。

将教材中的《黄色与蓝色的画》一课与绘本《小蓝和小黄》进行融合，不仅是一次教学的探索，更是艺术与生活、想象与创造之间的一次美妙碰撞。那么，如何将这两个内容巧妙地融合呢？我尝试从以下几个方面入手：（1）在课堂上，我引导学生们先分别用蓝色和黄色画出小蓝和小黄形象，让他们体验色彩带来的乐趣。接着，鼓励孩子们实践，如果小蓝和小黄拥抱在一起，会变成什么样子？这样的环节设置让他们对色彩的混合有了更直观的认识。（2）借助绘本故事，深化情感体验。在孩子们完成色彩实践后，和孩子们分享《小蓝和小黄》的故事，让孩子们在故事中感受友谊的温暖。通过讨论小蓝和小黄拥抱后变绿的过程，我们可以引导孩子们思考友谊的力量，以及如何在生活中与同学和谐相处。（3）融合教材内容。在了解了黄色与蓝色的变化后，我们可以进一步引导孩子们运用这两种颜色创作出属于自己的《蓝色的画》或者《黄色的画》，让孩子们在实践中感受艺术的魅力。

这次教学尝试，让我体会到融合的重要性。通过将美术教材与绘本故事相结合，不仅能够教授学生专业的美术知识，还能够培养他们的情感素养和创造力。我相信，这种教学方式将在我未来的教育实践中发挥更大的作用。

三、多学科融合，让小学美术课堂"美美与共"

随着课程改革日益深化，新的课程标准对课程教学提出了跨学科融合的要求，以适应社会的需求。在小学美术教学中，把小学其他学科的教学元素融入美术课堂，实施美术学科与语文、音乐、信息技术等多学科融合性教学，不仅能在学科知识上做到融会贯通，而且能有效培养小学生的想象力和创造力，同时还能提高教师的综合素养能力。

（一）美术与语文学科融合，实现美术语言的丰富性

美术是一种造型视觉艺术，"书画同源"，祖国古老的象形文字最初的模样，就是一幅幅线条流畅的美术作品。实施小学美术（主要是造型和色彩）与语文学科（组织语言进行描述）的融合教学，不仅能够有效促进小学生的想象力和创造力的提高，而且能够促进小学生的艺术鉴赏能力和语言表达能力的提升。

我们将小学美术课《太阳》与语文课《四个太阳》融合成一堂课，既能解决组织好语言来分析美术作品这个美术难点，也让孩子们借助美术作品将枯燥的文字在脑海中变成丰富的画面。在具体教学实践中，我们从语文课《四个太阳》对低年级采用"太阳的颜色、造型"来区分四个季节的太阳，让学生分析作者为什么说春天的太阳是彩色的、夏天的太阳是绿色的、秋天的太阳是金色的、冬天的太阳是暖暖的。日常教学中，美术教师可以通过让学生临摹仿画、用线条白描、在线条之间填涂色彩、让学生画色彩画等方式画出四季的太阳，用美术作品画出自己心目中不同季节的太阳，从而让语文课《四个太阳》的形象在学生心中更加丰满。在美术课堂教学中融入语文艺术，可以彰显语言文字中的图案美，可以激发学生学习语言文字的兴趣，为学生的想象力插上飞翔的翅膀，将进一步提高学生的综合素质。

（二）美术与音乐学科融合，让音乐变得五彩斑斓

我们将美术课《家乡的美》和音乐课《美丽的家乡》进行融合，从艺术学科大融合的角度进行设计，同时围绕音乐与美术相互联觉的特点，实现从乐曲旋律到美术画面的联觉，将音乐与美术学科知识融会贯通，帮助学生多维度学习，引导学生提升学科发散性思维，提升学生审美能力，实现综合素质发展。

音美协同的课堂培养学生的跨学科思维，这样的课堂动静结合，让思维与情感交融共生。教学设计体现了艺术学科的学习特点，"感受—理解—创造"的过程充分展开，同时，充分挖掘音乐与美术间的共同元素设计教学活动，让学生对艺术作品的赏析更全面，很好地印证了"艺术是相通的，表现形式是多元的"的美育理念。老师们大胆打破学科壁垒，为学生奠定核心素养的基石，也为全体音乐、美术教师打开新的教学思路，助

推课堂教学质量提升和学校高质量发展。

（三）美术与信息技术学科融合，让创意思维直观呈现

我校开设的美术与信息技术相融合的整合课程《绘画游戏》，就是根据小学二年级的美术课《绘画游戏》的教学目标、教学内容，结合低年级儿童天真烂漫、喜欢动手的特点，运用信息设备的电子画笔功能，把美术课与信息技术课有效整合起来。

这节整合的美术课，是一种新的尝试，主要是让学生熟练地运用电子画笔在电脑屏幕上作画。借助于画图软件，电脑屏幕就是一张画纸，电子绘画笔就相当于平时上课的彩笔，但是其功能是彩笔无法比拟的。往常的美术课上，学生画错作品很难修改，绘画工具材料使用也有很大的局限性。而在多学科融合课上，孩子们可以用这支笔尝试各种画笔的效果，这样大大地节省了创作作品的时间，优化了学生作品的完成效果，同时提高了老师的课堂教学效率，最终激发了学生的学习兴趣。使用电子画笔的美术课可以和传统美术课有效整合，虽然不能完全替代平时的美术课，但是这样的一堂课给孩子们带来的直观感受是平时美术课做不到的。

总之，新课改背景下的小学美术教学，需要吸收语文、音乐、信息技术及其他基础学科的养分，相互融合、互补共生，将诸多学科的优势和特点有机融入小学美术学科的课室教学之中。当然，这样融合的前提是，美术教师必须具备多学科的基本素养，如语文教师的文学素养、音乐教师的音乐素养、信息技术教师的信息素养，只有这样采众家之长，让多学科交融才能激发美术课堂的生命力，提升学生综合素质与艺术修养。

四、艺术课堂实施学科融合面临的挑战及应对方法

优化艺术课堂、推动艺术与其他学科的融合，面临的挑战及相应对策如下：

首先,教学资源方面。艺术课堂可能面临缺乏艺术教学设施、材料和工具的问题。解决这个挑战的对策包括:争取校内外的资源支持,寻找外部合作伙伴或赞助商;鼓励学生自制艺术材料,提高创造性;利用数字技术和在线资源进行艺术创作和展示;合理利用校外资源,组织学生到校外参观艺术展览、音乐会等活动,让学生接触优秀的艺术作品,提升他们的审美意识。

其次,教学方法方面。优化艺术课堂涉及采用多样化的教学方法和活动,这也是一个挑战。对策包括:运用故事、游戏和角色扮演等方式,激发学生的兴趣和参与度;组织团队合作和合唱等活动,培养学生的合作精神和团队意识;结合信息技术手段,如使用多媒体和虚拟现实等,增加互动和创新元素。

最后,评价与反馈机制方面。优化艺术课堂需要建立有效的评价和反馈机制,这又是一项挑战。对策包括:制定多样化的评价方式,包括作品展示、口头表达、艺术创作记录等;提供及时的反馈和指导,帮助学生不断改进和提高;鼓励学生自我评价和互相评价,促进互动和学习成长。

通过应对这些挑战,并采取相应的对策,可以不断优化艺术课堂,提高学生的艺术学习效果和综合素养。未来,学科融合将继续得到广泛关注和推动。在核心素养背景下,小学美术跨学科教学是一种必然的趋势,符合当代培养具有创新思维、创新能力、审美意识等全面发展的复合型人才需要。在今后教学中我将继续融合各学科教学内容,增加课堂"以美育人"的厚度,融合学习方式,延展课堂"以美育人"的深度,培养跨学科人才,为社会发展和进步作出贡献。

(作者单位:合肥市三十八中学北校区)

润物无声，美自在我心

胡其旸

初入育人之门，自知对"情怀"二字知之甚少，但心中仍旧对其有着憧憬向往之情。教学生涯不长，却也已对教育有着粗浅的思考，如何成为有情怀的教师，如何朝着"育人之路"进发，对我来说，需要跳出一次陷阱、解开一个魔咒、挣脱一副枷锁。

一、"完美"的陷阱

音乐是我自孩童以来朝夕相伴的挚友。妈妈告诉我，贪玩的我唯一一次向她提出的学习请求就是"想学唱歌"，长大后的我也如愿拥有了一份和音乐相关的工作。可是当我真正站上讲台，我才发现，面对着参差不齐的歌声，音乐的快乐开始烟消云散。毫无章法的演唱，七扭八歪的音调，伴随着的还有叽叽喳喳的说话声，就像一支"走音的交响乐队"，让我这个指挥束手无策。

音乐课堂应是装满孩子们快乐与活力的地方，但伴随着快乐与活力而来的是吵闹与混乱。"纪律"一直是让我头痛的问题，正处在青春期的初中生们，根本不惧教师的严厉。我总在上课前感到迷茫，一方面我很希望我的课堂是生动的，但是另一方面我又很害怕这支"走音的交响乐队"会乱成一锅粥。正因如此，在我刚刚步入教师岗位的很长一段时间内，课堂中"唱"变少了，"听"增多了，"动"消失了。那时我心中一节好课的标准，似乎就是看到他们老老实实地坐在板凳上听音乐，并且学会我教给他们的音乐知识。

可随着工作时间的增加，我开始对自己的教学方式产生疑惑。

最初这样的教学方式似乎很奏效，看上去每位孩子都在好好听课，我也少了很多魔音贯耳的时刻。但渐渐地我发现，当我在讲解乐理知识的时候，我变成了一位"数学老师"；我在讲解背景知识的时候，我变成了一位"历史老师"；在讲解乐曲结构的时候，我又变成了"语文老师"，总之，越来越不像一位音乐老师。我开始反思，音乐老师应该是什么样的呢？

在我的求学生涯里，我遇见过许多非常优秀的老师，他们的教学都是克制且严谨的，一个节奏、一个音符都不能有错，每一首曲子都是一个精美的艺术品，要反复打磨，使它无限接近完美——最完美才是美。那不完美呢，不完美被称为"技术不行""条件不行"，反正不是美。只有够完美才有资格去触碰艺术，艺术变成了池塘中的一朵白莲花，"可远观而不可亵玩焉"。

我想，刚开始的我就是照着他们的样子去面对学生的，在我心中，音乐很重要，因此我希望告诉他们更多的音乐知识，让他们更多地了解音乐、听懂音乐；也希望通过纠正他们的节奏、音准，让他们唱出更和谐的乐音。这样难道不对吗？当然没有错。可是我面对的只是一群普通的孩子呀，当我用所谓完美的眼光面对他们时，我看不到一丝美的痕迹。我全然忘记了，音乐有它自己的语言，有它独特的方式去让人们了解它，爱上它。而我却用生硬的词句拆解、剖析它，用所谓的专业术语堆砌它，用严厉的标准让本该爱上它的孩子们望而却步。

高标准、严要求不一定就是铁律，专业的完美的也不一定就是美。白莲花也是生长在淤泥之中，淤泥看似不美却有着滋养莲花最重要的养分。当种子还深埋其中的时候，阳光会耐心地照耀它，雨水会悉心地滋养它，待到开花的时节，一朵朵洁白的花朵盛开，装点着世界。美就这样自然而然地发生了。

我记得有一次与一名教授理科的同事闲聊，她回忆起学生时代上音乐课时的感受，说到她五音不全但是非常喜欢上音乐课。我很是不解，便追问为何。她说："不为什么呀，就是跟着音乐唱唱跳跳很开心呀。"虽然只是一次很平常的对话，却给我的教学理念带来巨大的冲击，我开始回想最初的那个自己，那个在妈妈床上边跳边唱"红橙黄绿蓝，美丽的欧若拉"的小女孩，那时的她一点也不专业，唱得也没有多好听，可是她很快乐。

这样简单的快乐难道不美好吗？

世界不是缺少美，而是缺少发现美的眼睛。在我的音乐课堂中不乏这样简单快乐的时刻，但是都被我这双不擅于发现美的眼睛给忽略了。作为一名基础教育的音乐老师，我们应该先从专业的桎梏中解放出来，允许一切不完美的发生，在肯定与鼓励中，还给音乐课堂最本真的样子，让孩子们参与到音乐中尽情释放自己，表达自己，我想他们自会绽放出最美的花朵。

二、"掌控"的魔咒

2022年艺术新课标指出，艺术教育的核心在于"弘扬真善美，塑造美好心灵"，坚持以美育人，重视艺术体验，在各类艺术活动中感受美、欣赏美、表现美、创造美。美有时候是个说不清道不明的东西，重要的是感受它而不是理解它。孩子们只有在艺术实践的过程中，才能真正感受到美。

这让我可难办极了，一想到要让他们动起来，我满脑子都是嗡嗡的声音。更别说新课标还要求课程综合，音乐课堂还要与舞蹈等相关姊妹艺术相结合。古人云："言之不足，歌之，歌之不足，舞之蹈之。"音乐与舞蹈或者说音乐与动作，本就是息息相关，紧密相连，合适的身体动作也有助于对音乐的理解。我们无法想象一个全身僵硬站在舞台上的歌手，更无法想象一段毫无音乐的舞蹈，但是在我的课堂上，我却很害怕让孩子们动起来，似乎一切都会脱离掌控。就连分组讨论这种小组活动，我都很少让他们去做，我似乎不太信任他们，脑海中总有着否定的声音。

直到遇到一位十分温柔的女老师，我在优质课说课比赛中被她细腻且稳健的台风所吸引。在她的说课中我了解到她设计了许多学生自主探究的环节，尤其是让学生用课堂上学到的变奏手法创编一个新的《小星星变奏曲》，在惊叹的同时我不禁心生疑惑：学生真的可以吗？带着这样的问号，我认真欣赏观摩了她的一节有声课堂。她依旧那么从容，一开始就用美妙的歌声抓住了学生的心。但就如我所一直担心的那样，在课堂中段时后排的几个学生就一直不停嘀嘀咕咕地在说话，互动环节的问题也"石沉大海"，我心里开始为她着急，可她好像一点也不着急似的，依旧十分耐心地看着学生，不断引导……终于有一个孩子发言了，然后又有一个孩子举手了，她微笑着等待。在那一刻我感受到了什么叫"静待花开"。

在课后的分享中，她真挚地和我们分享：她发自内心地爱每一个孩子，也足够信任他们，相信他们可以做到最好。孩子们给予的反馈也正告诉我们，他们具备无限可能。此后，我开始对我自己的课堂进行反思，那种看似掌控课堂，不允许任何意外发生的教学方式，是对孩子们的不信任，深究其根本，实则是对自己的不信任。

艺术教育，美的教育，本应是一个自由、开放、富有创造力的领域，而我却因为自己的恐惧和不确定，无形中束缚了孩子们的手脚。

从那一刻起，我尝试着信任孩子也信任自己，我开始让学生们在课堂上有更多的自主权和发挥空间。同时，我也开始尝试将音乐与其他艺术形式相结合，如舞蹈、戏剧等。在藏族音乐的单元中，我教授他们藏族舞蹈的基本舞步，从舞动中感受藏族音乐的特点；在音乐剧的单元，为了使学生更好地理解《总有一天》男主角的内心情感，我将整个音乐剧的故事创编成小短剧，并邀请学生上来表演。我鼓励他们分组讨论，自由表达对音乐作品的理解和感受。当他们随着音乐自由地舞动身体，或是沉浸在音乐创作中，我看到了他们眼中的光芒，那是对美的向往和追求。这也向过去的我证明了，他们可以的。

在这个过程中，我逐渐学会了信任。我信任学生们的能力和潜力，也信任自己能够引导他们走向更广阔的艺术世界。这也让我的教学更加生动有趣。如今，我的课堂已经不再是我一个人的舞台。学生们在这里自由地感受美、欣赏美、表现美、创造美。他们在艺术的海洋中畅游，而我只是他们探索路上的一个引导者。这样的课堂，充满了活力和创造力，也让我体验到了教学的乐趣和成就感。

时代在变化，科技在发展，教育也需要向更高的追求"美的教育"进发。回想起我们自己的教育经历，从小到大，我们总是被安排在教室的座位上，乖乖地听讲，习惯了那种以教师为中心的教学模式，教师在讲台上滔滔不绝，学生在下面被动地接受知识。当需要把课堂还给他们的时候，我们的内心开始感到困惑和不安。

这种转变对我们来说是一种巨大的挑战——害怕失去对课堂的掌控，害怕学生无法有效地学习，害怕课堂变得混乱无序。这就像一个魔咒时时刻刻在我的脑海回荡，却无力击破。但在那位老师身上我看见了一种力量，能够轻而易举就将魔咒消除，那就是相信的力量。我们需要勇敢地向我们已习惯的教学模式吹响变革的号角。首先就要改变自己的思维惯性，把课堂还给学生，要相信学生的潜力和能力，给予他们更多的自主权和选择权，营造一个开放、包容、富有活力的课堂，让学生在这样包容开放的氛围中自由生长。在迎接挑战和进行教学变革的过程中，我深刻体验到了成长的喜悦和教育的真谛。每一次当我看到学生们在课堂上积极互动，自由发表观点，或者在艺术活动中尽情展示自我，我都深感自己的努力得到了回报。

同时，我也意识到，把课堂还给学生并不意味着教师可以袖手旁观。相反，教师需要扮演更加积极的角色，成为学生学习路上的引导者和支持者。我开始注重与学生建立更加紧密的沟通和联系，了解他们的需求和兴趣，以便更好地设计教学活动和提供个性化的指导。

随着时间的推移，我发现学生们不仅在课堂上更加活跃和投入，而且在课外也开始主动探索和学习。他们开始自发地组织班级音乐会等艺术活动，这种积极的变化让我深感欣慰。

有一次，一个平时比较内向的学生在课堂上主动要求表演一首他自己创作的歌曲。当他站在讲台上，用略带羞涩的声音唱出自己的心声时，我感受到了他对音乐的向往。这首歌曲不仅赢得了全班同学的热烈掌声，也让我看到了学生身上蕴藏的无限可能。那一刻我明白，我的课堂摆脱了"掌控"的魔咒。

三、"价值感"的枷锁

那也是平常的一天，我正在家里备课，朋友打电话来约我出去逛逛，我和她说需要备课不出去了。朋友开玩笑地说："音乐课随便上上不就行了，还需要备课呀？"虽然这只是朋友的一句无心的言语，但却让我陷入沉思：似乎在大家眼里，音乐老师就是个可有可无的角色？

我想先分享发生在我短短教学生涯中的两个故事。

第一个故事发生在我工作后的第二年。在一次平常的音乐课后，我的好朋友也是我搭班的美术老师对我说，她在路过班级的时候发现一位男同学小A独自在班级坐着，因为她知道那节是我的音乐课，于是就上前询问，"你为什么不去音乐教室上课呀？"然后，她得到了一个令人诧异的回答："我讨厌音乐老师"。

当她把这件事情告诉我的时候，我陷入了深思，因为我带的班比较多，虽然对小A有印象，但是我确实想不起来我到底做了什么"恶事"让他讨厌我。在反复思索之后我决定单独找他聊聊。在一次课后，我把他叫到一边，我笑着问他："听说你对老师有些意见，可以告诉老师为什么吗?"刚开始他有些不知所措,我安抚他:"没事,你直接说,老师不会生气。"然后他支支吾吾地把事情的前因后果告诉我,那时我才知道,他是因为在很久之前的一节音乐课上,我误会他和旁边同学讲话,让他站了起来,并且在课后他想找我解释我却没有理他。他认为我在针对他,不喜欢他,所以他开始讨厌我,不想来上我的课。

我认真听完,并在脑海中仔细回想了一下,有了一些印象——小 A 看上去是一个非常活跃的孩子,当时我正在和班长说即将举办的学校合唱节的安排,他在一旁蹦蹦跳跳,我以为他只是闹着玩,下意识地忽略了他。

知道原因以后,我耐心地和他解释了我没有理他的原因,并且真诚向他表达歉意,并希望他之后能不计前嫌,按时来上音乐课,他对我点点头答应了。在这之后小 A 上课再也没有缺席过,并且有时还会主动回答我的问题。

虽然这件事就这样过去了,但"被讨厌事件"的发生还是在我的心中留下深深的烙印。即使我知道当时我对他的忽略对他造成了一定的伤害,但更多在我脑海中盘旋的是:现在的孩子怎么这么敏感?我也没对他干啥呀。这以后上课我该怎么做呢?老师真难当,唉。甚至还出现了一个可怕的念头:如果要是班主任或者主课老师误会了他,他肯定不敢这样不来上课吧?

第二个故事发生在今年的毕业季,我带的第一届学生要毕业了。想到他们即将离开初中校园,我的心中万千感慨,但是由于我一年和他们没有见面,我害怕他们忘记我了,毕业照拍摄时我没有到场。中考前夕,我联系了几位与我相熟的学生,给他们发了中考加油,他们很开心,其中我的音乐课代表对我说:"老师,拍毕业照那天我去办公室找您了,您没在。"他还和我约定在毕业典礼晚会的时候要找我合影。我当时非常开心,就如同郭教授说的,当老师最令人喜悦并且有成就感的就是你的学生喜欢你,记得你。但是故事的发展却不是我想象中的那样,毕业典礼那天我等了很久他们也没有来找我合影,我失落极了,因为那天我还特意发消息提醒他们记得来找我。

这一次的烙印，比上次更深了。我很悲观地想：是不是音乐老师就是这么不重要？我陷入了深深的怀疑，有那么一瞬间我感觉之前为上好音乐课所做的一切努力都没有了意义。虽然目前国家非常重视美育，但是真正落实到学校层面有一定的滞后性。特别是初中，现实情况还是以成绩为重。所以，真的是这样吗？我们不重要吗？我不愿承认，我也一直没有答案。直到一次讲座和一次跟妹妹的聊天改变了我的想法。

2023年7月，我们区邀请到了郭声健教授做我们艺术导师制培训的导师，在郭教授的讲座中，我听到了蝴蝶胸针的故事，也看到了一些自己的影子——自诩专业的老师对孩子造成的影响。那时我豁然开朗，反观自己那些想法是多么的小心眼，多么的"小我"。

当我们站上了讲台，我们就成为学生的榜样，一节课45分钟，他们的眼睛在看着我们，他们的耳朵在听我们说话，他们有着最纯净的心灵，最能发现你一言一行中的真诚与爱，也更能感受到你一个简单眼神的忽略。蝴蝶胸针故事里的男孩最后也没有去送尤金妮亚，即使在心中是如此感谢她；在音乐老师眼里"十分合理"——唱得不准不要出声的要求，让一个女孩一辈子都没能好好歌唱。爱是可以被感受到的，看似小小的否定也是会留下印记的。这还不能说明我们的重要性吗？我们不应该被单一的价值观所绑架，被大众看见的固然是好的，但是这个世界是丰富的，没有被大众看见的也同样重要。"你若盛开，清风自来"，这个道理听了许多遍，可如今我才真正明白。

回家后，我与正在上高中的妹妹聊起学校生活，上高二以后他们班换了一个音乐老师，妹妹说她更喜欢前面一个老师，因为上一个老师每次上课都会很认真教他们唱歌，但是现在的老师每节课都在完成任务，感觉在浪费时间。

一次讲座，一次谈话，让我深刻地意识到，作为教师，我们的每一句话、每一个动作都会深深地烙印在学生的心中。他们用最纯净的心灵，感受着我们的真诚与爱，也更能捕捉到我们言行中的每一个细节。因此，我们应该更加珍视自己的角色和使命，用心去倾听每一个学生的声音，用爱去关注他们的成长和发展。

正因为我的重要，所以我在误会小 A 并且没有理他时他才会如此在意；也正因为我的重要，让我的学生在拍毕业照时特意去寻找我的身影。

我愈发坚信，无论是音乐、美术还是其他任何学科的教师，都承载着塑造学生未来的重要使命。我们的每一堂课，都可能是学生人生旅程中的一盏指路明灯。而情怀是我们育人之路的灯塔，育人之路漫漫，有时会懈怠，有时也会迷茫，但是只要抬头，我们就拥有了出发的力量。

何为师，传道授业解惑也；何为美之师，真诚善道享乐也。润物无声，美自在我心。

（作者单位：合肥市第三十八中学）

美育浸润行动,我们走心了吗?

李静静

近两年来,教育部制定的《义务教育艺术课程标准(2022版)》与"美育浸润行动"的相关文件如春风拂面,让我这位音乐教师的心田泛起层层涟漪。作为学校的音乐备课组组长,我深感责任重大,于是在寒假的闲暇之余,带领音乐小组一同探寻在音乐课堂中实施美育的奥秘。

小学音乐教材,宛如一座宝藏,其中蕴藏着无数熠熠生辉的艺术瑰宝。这些音乐作品不仅旋律优美,更富含深厚的文化底蕴和美育价值。我们音乐组的老师们分年级进行深入研究,努力挖掘每一首音乐作品中的美育精髓。我们针对每个年级学生的特点,设计了丰富多彩的教学方法与策略,力求让音乐课堂成为孩子们心灵成长的乐园。寒假转瞬即逝,新学期的钟声已然敲响。我对即将开启的音乐课充满期待与信心!

一、新学期的第一课

"过新年呀,隆咚隆咚锵!真快乐呀,隆咚隆咚锵……"新学期的第一节音乐课,二年级的同学们正唱着上学期的歌曲《过新年》来热情地欢迎我。这是我和孩子们一直以来的课前约定,每节音乐课打过预备铃后,音乐组长会轮流带领全班的同学唱歌。但是毕竟隔了一个寒假,我还在想孩子们会不会忘了,当我远远听到孩子们悠扬的歌声,一开始的担忧立刻烟消云散。那一刻,我仿佛看到了春天的使者,带着欢声笑语,为这个世界带来生机与活力。一进门更是让我激动又兴奋,孩子们脸上洋溢着幸福的笑容，稚嫩的小手在桌子上拍打着整齐的节奏，看到我后一个个笑得更灿烂了。我立刻走上讲台和他们一起边奏边唱，这不，快乐的音乐课又开始了……

然而，美好的开场并不意味着课堂的完美无瑕。课中，两位迟到的学生打破了课堂的秩序，他们手里拿着作业本和文具盒，不好意思地在门口喊"报告"，我连忙让他们进来。她们不太会唱新学的歌曲，尤其是其中一位女生，平时活泼开朗，那天却低头不语，不愿参与课堂活动。我心生疑惑，却也未能及时察觉她的异样。课后，她在小组PK中表现不佳，导致他们组成为最后一名，小组其他同学都在埋怨她，我也略显生气地看了看她，她搓着小手，更加羞愧地低下了头……很快，下课铃声响起，校园里又热闹起来。

本以为这节课只是一个小小的插曲，却不料它竟在我心中掀起了轩然大波。一个月后的一天，正好那天是我值班，我在操场迎接着同学们的到来。这时，上次那个迟到的小女生向我走来，我以为她要跟我打招呼，没想到她却从口袋里拿出了一个粉红色的爱心手工折纸，并有些不好意思地对我说："李老师，对不起！"我连忙问："怎么啦？为什么要跟我说对不起？""都是我不好，平时总是惹班主任生气，还让李老师不开心，上次音乐课小组没得第一名都是因为我，对不起！"她再次愧疚地对我说。她的话语让我如梦初醒，原来我那天责备的话语和眼神竟然使她心生如此大的内疚。我深感愧疚和自责，连忙接过她手中的爱心折纸，对她说："宝贝，李老师没有生气，让你误解了，应该我说对不起，你在我心中是最棒的知道吗？"随后，我给了她一个大大的拥抱，她带着惊喜的眼神看着我，点了点头。我继续说："其他课也要表现好哦，李老师可不想你落下任何一节音乐课，还有，我最喜欢看你笑的样子了。"此时她脸上终于露出了开心、自信的笑容，蹦蹦跳跳地跑回了教室。看着她的背影，我又陷入了深深的愧疚和自责中，那可是我精心设计的新学期的第一节音乐课啊，我通过设计不同方式让孩子更深入地感受音乐、体验音乐。原来，我自以为充满欢乐和童趣的音乐课，竟然在无形中伤害了一颗幼小的心灵！仅仅是我的一个眼神，竟然让一个活泼开朗的女孩失落了一个月！回想起来，这一个月以来，她在音乐课上确实不再那么活泼，也不再主动举手回答问题了。我开始深入反思自己在教学过程中的问题和不足，并立即进行了相应的调整。

二、关注每一个孩子

我认识到，美育浸润不仅仅是课堂上的知识传授，更是一场关于心灵与个性的对话。每个孩子都是独一无二的，他们的内心世界丰富多彩，需要我们去细心探索和呵护。

为了真正走进孩子们的内心，我开始更加尊重他们的个性差异，努力去了解他们的情感需求。我用最大的鼓励和肯定去激发他们的自信心，让他们在充满爱与关怀的环境中茁壮成长。我坚信，每个孩子都是一颗璀璨的星辰，只要我们用心去照亮，他们就能绽放出属于自己的光芒。

在音乐课堂中，我时刻保持警觉，关注着孩子们的情感和心理健康。音乐是一种情感的表达，孩子们有时会通过音乐来抒发内心的喜怒哀乐。我细心观察他们的表情变化，聆听他们的心声，一旦发现孩子们的情绪波动，我会及时给予关心和疏导，让他们在音乐的海洋中感受到温暖和力量。

如果之前我在课堂上就能及时发现那位女生的情绪变化，并给予她适时的引导、鼓励和肯定，相信她会更加自信和快乐。自从那次反思后，我更加注重与学生的情感交流。我用心观察他们的表情变化，聆听他们的心声，努力让每一个孩子都能在音乐课堂上找到属于自己的位置，发挥他们的特长和潜力。

我鼓励孩子们大胆表达自己的想法和感受，让他们在轻松愉快的氛围中感受音乐的魅力。现在，那位女生在音乐课上又变得积极发言、自信活泼了，甚至因为对唱歌的热爱加入了校合唱团。看到她如此快乐地歌唱，我为她感到由衷的高兴。尊重他们的个性差异，了解他们的情感需求，我要用最大的鼓励和肯定去激发他们的自信心，让他们在充满爱与关怀的环境中茁壮成长。

三、每一个孩子都是"天才"

每一个孩子都是"天才"，只是他们的天赋和兴趣点各不相同。有的孩子擅长唱歌，有的对乐器有独特的感悟，还有的喜欢跳舞或表演。作为教师，我需要用一双善于发现的眼睛去观察和了解每个孩子，然后因材施教，让每个孩子都能在音乐中找到自己的乐趣和价值。

在教授二年级下册的歌曲《猫虎歌》时，我设计了一场别开生面的音乐剧，情境是这样的：大森林的清晨，阳光慢慢照射进来，微风轻轻地吹着，早起的鸟儿快乐地在枝头上飞着，小溪里的青蛙也在快乐地歌唱，这时一只猫咪竟遇上了一只大老虎……我鼓励全班同学分角色表演，有的同学负责演唱，有的表演各种动物，有的演奏乐器，还有的扮演大树。整个表演过程中，每个孩子都投入其中，认真扮演自己的角色。当音乐停下来时，孩子们仍然沉浸在情境中，这让我深感惊喜。我激动地为全班同学鼓掌，肯定了他们的表演。

是啊，难道音乐课评价的唯一标准就是音准、节奏、唱得好不好听吗？答案是否定的！美育浸润不仅仅是教授知识和技能，更重要的是关注学生的个体成长和兴趣发展。我们不能仅仅用音准、节奏和唱得好不好听来评价音乐课的效果。美育评价应该多元化，全面考量学生发现美、感受美、表现美、鉴赏美和创造美的能力。只有这样，我们才能真正培养出既有音乐素养，又有健全人格的孩子。

美育浸润，还需要我们走进学生的内心深处，用爱与关怀去滋养他们的心灵。我相信，只要我们用心去做，用爱去教，美育之花一定能在孩子们的心中绽放出最绚烂的光彩。只有这样，我们才能真正实现美育的目标，培养出既有音乐素养又有健全人格的孩子。

（作者单位：合肥市滁州路小学）

让音乐教育真正成为美育

李静静

美育，是小学教育中的璀璨明珠，它照亮了学生的审美之路，丰富了他们的精神世界，提升了综合素质。在新课程标准的指引下，如何让音乐教育真正成为美育，这是我们每位音乐教育者都要深入思考的问题。

2022年教育部制定的《义务教育艺术课程标准（2022年版）》中明确指出："艺术教育是美育的重要组成部分，其核心在于弘扬真善美，塑造美好心灵。"我觉得，通过音乐课，让学生积极参加各类音乐活动，在聆听、表演、律动、创作中，去领悟音乐的独特审美表达，有助于他们形成高尚的审美观念、积极的生活态度以及优秀的行为品质。

一、转变教师观念，提高美育意识

作为一线教师，我认为首先自己要认识到美育的重要性，将美育贯穿于音乐教育教学的各个环节中，通过音乐教学提升学生的审美能力和创造力。在郭声健教授的讲座中，我们也了解到了美育浸润的主要任务有：以美育浸润学生，以美育浸润教师，以美育浸润学校。而在这三个维度中起关键连接作用的就是教师。

其次，我认为教师要挖掘音乐作品的美育价值。小学音乐教材中包含了许多优秀的音乐作品，这些作品不仅具有艺术价值，还蕴含着丰富的美育元素。音乐教师应善于挖掘这些元素，通过引导学生欣赏、分析和表演音乐作品，培养学生的审美情感和审美能力。可以结合生活实践进行音乐教学，例如在教授人民音乐出版社出版的二年级下册歌曲《郊游》时，教师可以课前布置学生到户外感受春天的气息，观察春天的景色，收集描写春天的诗词来感受春天的美好。在课堂教学中，先让学生互相交流春天的美景，再观看相应的视频，引入歌曲，从而引导学生在美的情境中感受欢乐的情绪，并且用自然的声音演唱歌曲《郊游》，引导学生将自己的感受融入歌曲的学习和表演中。这样不仅可以激发学生的学习兴趣，还可以帮助学生更好地理解音乐作品，感受生活中的美，提升美育意识。

最后，教师要关注学生的个体差异，因材施教，让每一个学生都能在音乐教育中感受到美的魅力。教师可以尝试采用分组表演、合作探究等不同的教学方式，让所有学生都可以在轻松愉快的氛围中学习音乐知识。

二、创设教学情境，引导学生感知美

我认为，情境教学在音乐课堂教学中能营造一种轻松、寓教于乐的教学氛围。生动的画面、动人的旋律、角色的扮演、实物的演示等，在这样美妙生动的情境中，教师引导学生用他们的眼睛去凝望，用他们的耳朵去聆听，用他们的心灵去感受……能够培养学生的情感。教师通过创设教学情境把学生的认知活动与情感结合起来，开辟了一条促进学生主动、积极、轻松、愉快地学习音乐的有效途径，让学生在舒畅的氛围中接受音乐的熏陶，从而使学生的情感、意志、自信心等非智力因素得到充分的培养和发展。

情境教学既能迅速激发学生的学习兴趣，调动学生学习的积极性，又能启动学生内驱力，使其进入主动学习的心理状态，从而提高学习能力。在教学中，我采用了如下的方法：

第一，用生活中的场景，让学生身临其境。教师可以通过设计与学生日常生活相关的音乐教学情境，引导学生感知音乐美的存在。例如，在人民音乐出版社《音乐》教材三年级下册歌曲《春天举行音乐会》的教学中，通过声音和体态律动分别模拟春天的声音（春雨：滴答滴答；春风：沙沙沙沙；春雷：轰隆轰隆；春水：哗啦啦啦），通过模唱和律动引导学生分辨生活中熟悉的声音和场景，充分激发了孩子们学习的兴趣，在感受到春天的美好和活力的同时，提升了他们对美的敏感度，让他们更好地在生活中发现美、感受美、创造美。

第二，绘声绘色讲故事，让学生兴致勃勃。例如，人民音乐出版社出版的《音乐》教材二年级上册的歌曲《蜗牛与黄鹂鸟》，歌曲活泼生动，具有很强的叙事性，表达了人们不怕困难，对目标执着追求的不断进取的精神。教师可以直接从故事出发：春天到了，门前葡萄树的藤上长出了一个个嫩嫩的枝芽，一只小蜗牛看见了，心想："这树可真大呀，结出的葡萄肯定很好吃！"于是，小蜗牛就背着那重重的壳，一步一步地顺着葡萄藤向上爬，虽然有好几次蜗牛都从藤蔓上滑下来，但是它仍不放弃，继续向上努力地爬……这时候，树上来了两只黄鹂鸟，它们看见小蜗牛后，笑着说："蜗牛弟弟，这树上的葡萄成熟还早着呢，你这么着急上来干什么呀？"小蜗牛看了看黄鹂鸟说："这可没什么好笑的，我的速度慢，等我爬上了葡萄树，葡萄就成熟了！"黄鹂鸟听了之后不解地摇摇头飞走了。教师通过讲故事，不仅让学生深化了对歌词内容的理解，也让学生在故事中更深刻地感知到音乐作品中所蕴含的人生哲理。

第三，采用多感官体验，增强审美体验的深度。音乐课堂需要多重感官的联动，这样更能有效地创设真实的情境，让学生通过观看、聆听、律动，充分感知音乐，从而更深入地体验音乐，促进文化理解。例如在教授人民音乐出版社《音乐》教材小学四年级下册歌曲《桔梗谣》时，教师开场身穿朝鲜族服饰，跳了一段朝鲜族的长鼓舞，从而引入歌曲，学生顿时便感受到了朝鲜族音乐特有的节奏和律动的特点。而后，教师通过多媒体，展示了朝鲜族的服饰以及当地的习俗，并邀请学生一起跳起来，唱起来，感受朝鲜族的文化。通过这一节音乐课，学生不仅学习了歌曲《桔梗谣》，更在老师的展示与引导下逐步了解了朝鲜族歌曲和舞蹈的特点，感受到了当地人民能歌善舞、热情好客的人文风情。当学生能够在多元文化为核心的教学课堂氛围中，多感官体验民族文化，就能大大提升其音乐审美能力以及民族文化自信。

三、开展实践活动，带领学生体验美

第一，组织音乐欣赏实践活动，增强学生对音乐美的感知。通过选择丰富多样的音乐作品，教师可以组织学生练习音乐欣赏。在这种策略中，学生将不再只是被动地接受音乐，而是通过个人的参与来深刻感知音乐中的美。例如，可以选择一首富有节奏感的乐曲，组织学生进行集体舞蹈，让他们通过身体的参与更全面地感受音乐的魅力。

第二，开展声乐实践活动，培养学生对声音美的体验。教师可以组织学生进行合唱或个人演唱练习，通过声音和感觉引导学生深刻理解音乐所蕴含的美。可以让学生在音乐会上唱歌，或进行团体声乐表演。通过实际的声音练习，学生可以更直观地感知音乐的独特之美。

第三，利用乐器演奏活动培养学生对乐器音色之美的体验。通过提供简单的乐器，如打击乐器或小弦乐器，教师可以组织学生进行乐器演奏练习。在亲身演奏的过程中，学生们不仅锻炼了自己的音乐技巧，而且更深刻地感受到了乐器音色之美，这些实践活动有助于培养学生对乐器声音的欣赏和理解。

以人民音乐出版社《音乐》教材小学二年级上册歌曲《快乐的音乐会》为例，可以在教学中组织学生进行一场小型音乐会，让他们通过合唱、合作、表演来体验音乐带来的美和快乐。教师可以选择一段富有情感的音乐，引导学生理解曲目的背景和表达方式。接着，进行声乐训练，帮助学生熟悉曲目的旋律和节奏。在音乐会的实践活动中，学生们通过演唱音乐作品，表达了他们对音乐美的理解和感悟。

总之，在小学音乐教学中，教师应重视美育理念的渗透，充分发挥音乐课堂在渗透美育中的载体作用，多层次、多方面激发小学生的审美意识，提高他们的审美情趣和审美素质。

相信美育浸润能够打破艺术与生活的界限，让每个人都能在日常生活中感受到美的存在，体验到美的力量。无论是欣赏一幅画作、聆听一首乐曲，还是品味一部文学作品，都能让我们的心灵得到滋养，情感得到升华，让我们的社会更加和谐、美好。让美成为我们生活的座右铭，成为我们追求的理想和目标，让我们的生活更加美好、更加充实，让我们的心灵得到真正的滋养和升华。

（作者单位：合肥市滁州路小学）

在艺术课堂中绽放的笑脸

李晓朦

最近,我总是听学校里一位教数学的副校长提到:在音乐课、美术课上,孩子们的笑脸是发自肺腑的,我们数学课上好像很少听到孩子们这样爽朗的笑声。

语文、数学作为"主课",给孩子们灌输着高强度的知识与技能,而我们这些所谓小学里的"副课",似乎在一定程度上,稍微能缓解一下孩子们的压力。至少,在我的音乐课上,我能够听到孩子们那稚嫩的声音唱出的可能音不准但积极向上的歌曲,我能看到一张张绽放的笑脸和一双双清澈的眼睛。

在如今这个信息化高速发展的社会,一切似乎变得更快了,接收的信息更快了,新事物的更迭更快了,各行各业都出现了一个词——"内卷"。而在传统的小学教育体系中,艺术教育往往被置于次要地位,被视为少数具有艺术天赋者的专属领域。然而,艺术教育不仅是培养创造力、激发审美情感和想象力的重要途径,更是推动社会发展与文化传承的动力源泉,对于每个人的全面发展都至关重要。因此,在"卷"字的带领下,我们的艺术课堂也要站稳脚跟,让每一个孩子在我们的课堂中,充分激发自己的艺术潜能,绽放最绚烂的笑脸。

一、用艺术表达情感,获得自信与快乐

随着社会的发展,艺术教育的重要性日益凸显。似乎在我们父母那个

年代，艺术教育被视为一种奢侈品，只为少数对艺术特别感兴趣的人提供。然而，随着社会的发展和人们对综合教育的需求提升，我们迫切需要一种更加普及和包容的艺术教育模式，这种模式不仅仅是为了培养艺术家，也是为了让每个人都能从中受益并发展自己的创造力和表现力。

而我所追求的艺术课堂，是为学生提供一个无压力的环境，让他们能够自由地探索各种表现形式，以培养他们的创造力和审美能力。通过接触不同的艺术元素，学生将学会如何用艺术表达自己的情感和思想，并从中获得自信与快乐。

在我的音乐课堂中，我常常将舞蹈与音乐相融合。我利用自己的舞蹈特长，在平时的音乐课上，带领孩子们根据每首歌曲的歌词进行动作创编，包括一年级的孩子，我都会尽量先让孩子们自己去想可以用什么样的动作去表示这句歌词，当孩子们实在想不到，或是意见不统一的时候，再由我来出面，当一个"和事佬"。现在一年级的孩子已经进入小学的第二个学期，在我的音乐课上，我经常会惊喜地发现，我并未让孩子们去根据歌词创编，孩子们自己已经把动作都加入了演唱之中。

在孩子们创作、表现的过程中，引导他们通过音乐表达自己的情感，发现自己的内心世界，有助于提升孩子们的自我认识，让孩子们更容易获得自信和满足感，在音乐中获得信心与快乐！

二、探索多元化艺术课堂，让孩子参与并享受其中

记得之前在学校里，我们收集过各个学科在课堂教学中的问题，其中，音乐、美术学科多数提出的是常规课堂如何更好地激发学生学习兴趣，带动每个孩子参与其中。因为我们感觉到，好像总是有那么几个孩子对音乐课、美术课的兴趣不是很大，不管老师在台上多卖力地"表演"，多积极地"引导"，他们好像始终靠在角落"无动于衷"。

我想，我们需要探索多元化的课堂，单一的音乐或美术教学已经不足以吸引这些新时代的少年了。在探索艺术课堂的多元化教学方法时，我们首先需要认识到每位学生都是独一无二的个体，拥有独特的审美观和艺术表达方式。因此，为了真正实现每个孩子都能积极参与的艺术课堂，我们必须采用灵活多样的教学方法，以满足不同学生的需求和兴趣。

在这个多元化的教学背景下，教师的角色变得至关重要。教师应该成为引导者和启发者，以促进学生自主学习和发现艺术。通过提供开放式的学习环境和激发学生的好奇心，我们能够激发他们对艺术的兴趣，并引导他们发展独特的创造性思维。

同时，多媒体技术的运用也是实现多元化教学的有效途径。通过引入数字艺术工具、虚拟现实和其他新颖的技术手段，我们能够为学生提供更为丰富的互动性学习体验。这种创新的教学方法不仅能够激发学生的学习兴趣，还能够拓展他们的艺术表达方式。

在艺术欣赏时，可以通过展示各种艺术作品，如音乐、舞蹈、绘画、雕塑、建筑等，向学生介绍不同的艺术流派及其时代背景。引导学生学会欣赏艺术，理解艺术家的创作意图和情感表达。在艺术创作时，可以鼓励学生积极探索，通过实践，让学生了解不同艺术形式的技巧和特点，体验从创意到作品的过程。同时，教会学生如何从形式、内容、技巧等方面评价艺术作品，以提高他们的审美能力和艺术素养，引导学生关注生活中的艺术元素，如电影、动画、广告、时装等，并让学生思考艺术如何影响我们的生活。

三、激发学生的创造力，从艺术课堂开始

似乎总是听别人提起，当今社会，我们的模仿力超群，但创造力总是有一些不足。那么，我们能否从我们的艺术课堂开始，让孩子们在我们的

音乐课或美术课上激发创造力呢？

　　我想，这一定可以！培养创造力也是我们艺术课程的核心目标之一。通过艺术教育，学生有机会表达自己的想法和情感，培养独立思考和创新能力。艺术作品的创作过程需要学生不断尝试、探索和实验，从中培养解决问题的能力和创造性思维。这种自由的表达和探索过程有助于激发学生的创造潜力，让他们成为富有想象力和创意的个体。

　　在艺术课堂中，教师扮演着引导者和激励者的角色。我们不仅教授技术和技能，更重要的是激发学生的创造力和想象力。在教学过程中注重培养学生的独立性和自主性，让他们在创作过程中发挥想象力，表达个性。通过教师的引导和激励，学生可以更加自信地探索艺术世界，挖掘自己的潜能。

　　要在艺术课堂中培养创造力也面临着一些挑战。首先，传统的教育体系可能更注重于知识传授和考试成绩，而忽视了学生的创造性发展。其次，一些学生可能缺乏自信或创意表达能力，需要更多的引导和支持。最后，艺术教育资源可能不足，如一些偏远地区，资源较薄弱的学校，可能无法提供充分的艺术课程和设施，限制了学生的创作空间。

　　面对这些挑战，我们深信通过共同努力，构建更丰富、更开放、更具包容性的艺术教育体系是可行的。让每个人都能在艺术的魅力中找到属于自己的表达方式，从而共同推动社会文化的繁荣与进步。

四、让更多的孩子参与到学校的艺术社团之中

　　现如今，基本上每所学校都有自己的社团课程，其中也不乏艺术社团，但多数情况下，学校的艺术社团只针对少数的孩子。然而学校的艺术社团在学校教育中扮演着至关重要的角色，其意义不仅仅局限于提供艺术技能的培养，事实上，艺术社团更重要的是对学生进行创造力的培养，提

升审美情感。孩子们通过参与各种艺术形式的学习和创作，能够培养自己的想象力和表达能力，这对于他们未来的个人发展和社会交往都具有重要意义。因此，将艺术社团开放给每一个孩子，鼓励更多的孩子加入学校的艺术社团等，为其提供更多的艺术实践活动，都是非常必要的。

艺术社团也是文化传承的重要场所。在这里，学生们不仅可以学习现代艺术形式，还可以接触到传统艺术的精髓。通过学习传统艺术形式，学生们能够了解自己文化的根源，并将这些传统延续和发展下去。艺术社团不仅仅是传授技艺，更是传递文化、历史和价值观的桥梁，这对于维护社会文化的多样性和丰富性至关重要。

此外，艺术社团还扮演着社会融合的角色。在这里，学生们可以通过共同的艺术创作活动加深对彼此的理解、尊重和包容。通过与他人合作、分享和交流，他们不仅能够拓展自己的视野，还能够建立起友谊和合作精神，这对于构建一个和谐的社会至关重要。

因此，我们应该致力于让更多的孩子参与到学校的艺术社团之中，为所有人提供平等的学习机会和资源。只有这样，才能真正实现艺术教育的社会意义和文化传承的使命。通过将艺术社团打造成一个开放、包容和多样化的空间，我们也能够让更多的人享受到艺术带来的乐趣和启迪。当然，这也需要学校和社会的资源投入，通过加强师资投入和建立公平的教育机会，让我们能够为学生提供更加包容和多样化的艺术学习体验。

希望在我们的艺术课堂中，能够看到孩子们更灿烂的笑容，听到孩子们更爽朗的笑声，让我们的艺术课堂成为一个让学生自由探索、发挥创意和发掘潜能的平台。在这里，每个学生都能找到属于自己的艺术语言，学会用艺术表达自己的情感和思想，并从中获得自信与快乐。

（作者单位：合肥市大通路小学长乐校区）

任重道远的乡村学校美育

陶 静

在教师群体中，有这样一群人，他们默默无闻地扎根在中国半数人口生活的广袤农村，为乡村学童播撒知识的火种，让乡村文脉得以赓续。他们有个共同的名字——乡村教师。

——题记

一、星光璀璨，照亮乡村教育

在教育的浩瀚星空中，每一颗星辰都承载着对未来的无限憧憬与梦想。在一次美术课上，我看到了五年级女生钱羽欣（化名）的一张心愿卡，这张卡片如同夜空中最亮的星，照亮了我心中关于乡村教育的深深思考。卡片上，她稚嫩而坚定的笔迹写道："我想做一名山村教师，教山村里的小朋友知识。"这简单的话语，却如同"春蚕到死丝方尽，蜡炬成灰泪始干"的古训，展现了超越年龄的责任感与奉献精神。

在这个信息爆炸、梦想多元的时代，当同龄人纷纷向往着成为警察、医生或追逐名校的荣耀时，钱羽欣却选择了一条少有人走的路——成为一名乡村教师。她的选择，不禁让人想起那句"为天地立心，为生民立命"，她将以一颗纯真的心，为乡村的孩子们点亮知识的灯塔，为乡村教育的未来注入新的希望。

此刻，我的思绪不禁飘向了那些同样在偏远山区默默耕耘的支教老师们。小丰老师，一位来自繁华都市的支教者，她跨越千山万水，将爱与希望播撒在大凉山的每一寸土地上。小丰老师来到大凉山这片遥远而神秘的土地上,她以镜头为笔,以爱心为墨,记录下了大凉山深处最动人、最真实的故事。在她的镜头下,我们看到了彝族孩子们从羞涩到自信的转变,从对外面世界的好奇到对美好未来的憧憬。她不仅传授知识,更用行动诠释了"教育是点燃火焰而非灌满瓶子"的真谛,让乡村的孩子们在知识的海洋中遨游,在艺术的天空下翱翔。

"师者,所以传道受业解惑也。"小丰老师与众多乡村教师们的贡献远不止于此。小丰老师不仅给孩子们传授知识,更关心他们的情感需求,她与志愿者们一起为孩子们辅导功课,进行心理疏导。她用"爱心小屋"为孩子们搭建起了一个心灵的港湾。他们用自己的青春和热血,为乡村的孩子们搭建起通往外界的桥梁,让孩子们相信,无论出身如何,都有权利追求梦想,都有能力改变命运。这些教师们在最艰苦的环境中,实现了自我价值的升华,也为社会带来了温暖与光明。

而钱羽欣的梦想,正是对这种精神的最好传承。她虽年幼,却已心怀大爱,愿意将自己的青春与智慧奉献给乡村的教育事业。她的理想,不仅是对个人价值的追求,更是对乡村教育未来的深情期待。在她的身上,我看到了乡村教育的希望之光,也感受到了教育的力量——它能够跨越地域的限制,照亮每一个孩子的心灵,引导他们走向更加美好的未来。"路漫漫其修远兮,吾将上下而求索。"乡村教育的道路虽然漫长且充满挑战,但有了像钱羽欣这样的有志青年和无数支教老师的共同努力,我们相信,乡村教育的春天一定会到来。那时,乡村的孩子们将拥有更加广阔的天空和更加灿烂的未来。

我是小学美术教育的一名新兵,心中一直隐约有个乡村教师的梦。从教几年来,一直关注乡村教育,奈何身处大城市,自己也没有勇气走出那一步。孩子的成长过程需要有人引导、帮助,就像电影《八角笼中》里的大泷山那群孩子,主人公倾注心血把当地无人照顾的孩子培养成才,让没有出路的孩子看到一丝通向未来的曙光。正因为基层教师的奉献,乡村教育才获得今天的成绩。在乡村这片热土上,每一分付出都值得被铭记。

我现在所在的学校是瑶海区一所集团名校附属的所谓生源不太好的学校，即使学校给予教师子女丰厚的资源，有的教师也不愿自己孩子在这里上学。同事们口中的生源不太好，也让我不禁想起之前考编的日子。每年考编报名的时候，有实力的老师都会选择他们认为工资待遇丰厚、发展有前途的区，即使选择我们区也是能不选偏远或者不知名的学校尽量不选，即使进来了也是很不情愿。我每年都是报的瑶海区，有人问我有没有报考其他区的想法，我毅然回答他们"不"。瑶海是生我养我的地方，我也深知这里的生源如何，知道学校的孩子们来自哪里。长江批发市场附近，真正的老合肥人并不多，大部分都是务工人员，有的是附近在这做生意的，有的是这附近打工的，他们的父母大多很忙，以至于经常听到班主任老师口中抱怨，这些家长都不管孩子。其实，我非常理解，不是家长不管孩子，而是没时间，家长们迫于生计，想让孩子和自己生活得更好一点，往往忽略了对孩子学习的关注。试想这些孩子如果没有跟着父母远离家乡，我想他们的命运可能跟大凉山的那群留守儿童差不多，虽然来到城市会有种种艰难，但至少有父母陪伴身边。相比几个校区每年的期末成绩，我们是名副其实的垫底，但孩子们眼中的笑容依旧在。

有时和爱人半开玩笑地说，将来我们退休了，你一定要陪我去乡村支教，完成我的小小心愿。其实，真到那时候，我也不知道会怎么样呢。有时我们感叹世间美好，是因为许多人在为我们负重前行。是的，在当今时代，我们唯有做好自己最本职的工作，才有机会去帮助更多其他要帮助的人。相信未来会有一群群心怀梦想的年轻教育工作者奔赴乡村，在大家共同的努力下，乡村教育一定会迎来新的春天。

二、乡村学校美育，任重而道远

作为一名美术教育工作者，乡村美育是我首先考虑的问题。在信息化时代大潮汹涌澎湃之际，我从小丰老师的视频里看到她毅然决然地肩负起引领潮流的重任，勇于尝试新的教学方式，用科技的力量点亮了孩子们求知路上的明灯。她运用多媒体教学设备为孩子们呈现了一个个生动有趣的课堂，音乐、美术课程都上得多姿多彩。例如，办一场像样的有民族传统文化的表演，让学生们充分展现自己民族的舞姿和歌声；就地取材，从地里取来玉米棒做成各种有趣的小人，把孩子们身边不起眼的东西变成独一无二的艺术品；利用传统节日带孩子们制作灯笼，举办赏灯晚会，把自己民族的传统图案画在吹塑纸板上制成一幅幅独具特色的民族画作……这些活动不仅提高了学生创造力和动手实践能力，也让孩子从羞涩到自信，从好奇到憧憬，他们尽情地享受着艺术的魅力，在艺术的天空下自由翱翔，对民族文化有了更深入的理解。小丰老师的因材施教、因地制宜，值得我们思考，她的用心和责任心值得我们学习。美育工作绝对不能仅限于课堂上的知识传授，更要引导学生在生活中发掘美，用自身创造力去表现美。基于几年的教学经验及我对美术教学的热爱，对于如何在实际教学中让美育助力乡村教育，我想谈两点个人的想法。

第一，开发与开展乡村美育特色活动。

乡村拥有独具优势的美育资源，在大自然中有比课本更有生命力的东西。丰富的生态景观，从不缺少美丽的物质。绿意盎然的田野、蜿蜒流淌的溪水、古朴幽雅的乡村建筑，每一处都散发着艺术气息。自古以来，乡村的美丽就迷住了无数人，一大批描绘乡村美景的文艺作品流传千古，乡村的一切永远是乡村美育的源泉。发展乡村美育，必须将乡村资源的价值体现出来。比如挖掘当地历史文化资源，结合传统村落、文物古迹，探索美育新空间，结合乡村生活实践，在日常生活中开展美育，让农村孩子每天都能得到美的滋养和渗透。

如开辟校园农场，设计农耕创意长廊，建立农耕用具展室，打造具有地方本土化特色的乡村美育课堂。此外，还可以把所在地区独特的传统文化遗产和民间手工技艺引入课堂，比如做植物拓染。让孩子们用田间的叶子，拓印到衣服上、布料上，在美术老师的引导下做成风格独特的衣服，举办一场"田间服装T台秀"，不仅能让孩子们认识到艺术之美来自生活，又美化生活，还能让他们认识到大自然中不同植物叶子的造型美、色彩美，通过动手制作衣服，学生又掌握了一门新技能。科学课上还可以带孩子去认识植物世界，并将采集到的植物制作成植物标本。将身边的资源转化为适合自身美育教学的实践项目，形成本地、本校的特色和传统，实现传承和发展优秀传统文化、以美载德的目标。此外，乡村美育还可以通过组织各种艺术活动，比如地方传统活动、传统节日等，通过艺术活动培养学生艺术兴趣和技能。例如，与联合学校共同举办手拉手活动，"六一"表演，联合举办美术展览，以及各学科送教活动；乡村学校根据学校周边资源，共同合作举办民俗特色传统活动。如我校区的凤阳花鼓特色美育，我们可联系当地学校老师给我们线上培训，两所学校联合举办"凤阳花鼓"特色表演活动。这些活动可以让双方学生亲身参与其中，感受到传统艺术的魅力和乐趣，从而提高他们的审美能力和文化素养。同时，也可以积极与当地的文化机构和社会组织合作，共同开展美育活动，为乡村学生提供更多的艺术资源。

第二，开展"开阔视野，走出乡村"的研学游。

城市学校的学生每学期可开展研学游，带他们走进乡村，走进田间地头体验农耕文化，开展户外研学之旅。乡村的孩子同样也想走出大山，走出田野，可开展从乡村到城市的研学，每年举办一次跨城研学游，让孩子们走出乡野，走向城市，开阔眼界，开启他们的创造力和想象力。同时也让孩子们对知识充满向往，对未来生活充满向往，激发学习动力。

美育对于乡村教育的发展具有重要意义。美育不只是一项工作，更是一项长远而伟大的事业，需要看得更远、倾注得更多。虽然现在美育在乡村教育中得到了重视和发展，但是仍然存在一些地区和群体缺乏艺术教育的机会。因此，我们需要继续努力，让美育更加普及和公平，让每一个学生都能够享受到美育的益处。通过开展各种有趣的活动和利用网络平台为乡村教育发声，我们可以让更多的人关注乡村教育的现状和孩子们的梦想，为他们的未来发展提供更多的支持和帮助。

每个孩子都有天赋和潜能，我们应尽我所能，助他们一臂之力。就像张桂梅老师那样，让孩子插上梦想的翅膀，飞往她们想去的地方，由自己支配未来，过想过的生活。作为老师，当我有能力时不应做旁观者，多一分关爱或许就能点亮学生心中的梦想；帮助他们搭起一座桥，或许他们就能飞越到彩虹上。我们要感谢那些为乡村教育事业付出努力的教师们，他们用自己的智慧和汗水为乡村学生播下了希望的种子，为他们的未来发展奠定了坚实的基础。让我们一起为乡村教育事业的发展而努力，为孩子们创造一个更加美好的未来乡村美育，愿你心中的那张小小心愿卡能够实现，成为照亮乡村教育的希望之光。

（作者单位：合肥市大通路小学长乐校区）

参加优质课比赛的经历与感悟

汪古月

2024年新学期开始我就在准备优质课比赛，比赛结束再回首，这学期已过去了一半。

其实我并没有主动去报名参加比赛。因为刚刚评完一级，我还没有想好自己的教师生涯是继续"卷"，还是"躺平"。更何况这样一个大型的比赛，想上得好太难，上不好又太丢人。直到我们董主任来办公室跟我"苦口婆心"地说："这个比赛只有近三年拿过课堂评比区一等奖的人才有资格可以参加，这是非常难得的机会啊，你要相信自己的能力啊，你一定可以的！而且经历是最重要的，过程是一种磨炼，一种成长，错过就太可惜了……"

我心想：行吧行吧，领导都来劝两天了，咱就是说不要不识抬举，参加一下，尽力就行。

好，报名了！

偷懒选了一个自以为不用多操心的课，稍加改动，去进行第一轮说课比赛。不知道大家是不是都有这种矛盾心理：害怕被选上，后面的比赛路途太艰辛痛苦；又害怕选不上，说明自己能力不行又太丢人。哎，好家伙，结果好像表现得还可以，被选进下一轮了。

得，努力吧。

第二轮磨课，我拼命在网上寻找新技术，AI、AR 等。当时的想法就是得新、得有创意，结果 AR 虚拟技术有了，AI 技术有了，课程内容却被我忽略了，顾此失彼，搞错重点了。许老师的话给了我启示："智慧课堂是给我们的课堂提供便利和重要作用的，如果只是为了用而用，那不仅失去了它的意义，还会为你的课堂增加负担。"她还说："这个比赛一定要好好珍惜，认真对待。几年举办一次，这次没有握住，下一次机会就可能是她人的……"她的话又给了我一些压力。

行，奔跑吧！

哦，当然了，现在坐在这里打字的我，暂时跑完了这段路。这次比赛我感受颇多，它的确不仅是对我教学能力的一次检验，更是一次宝贵的学习和成长经历。那我就在这里以聊天的方式跟大家说说这次参赛的感受吧。

一、心态与结果

小学美术优质课比赛是一场充满挑战与机遇的竞技。对于参赛教师而言，如何以正确的心态面对这场比赛，不仅关系到比赛的结果，更影响到自身的教学成长和职业发展。

第一，明确比赛目的与定位。咱要正确认识比赛的性质和意义，以正确心态去面对比赛。小学美术优质课比赛不仅仅是对教师教学水平的一次检验，更是对教师教学能力、教学创新和教学艺术的一次展示和交流。因此，我们应明确比赛的目的和定位，将其视为一个学习和交流的平台，而不是单纯的竞争场所。而在这次比赛的过程中我也看到了更多老师的思维迸发，感受到了合肥优质课比赛的"恐怖"。

想拿一等奖是正向追求，不是野心大，当然就算结果没达到也不丢人，毕竟这辈子丢人的事多了，咱也不缺这一件。但要是只盯着这个所谓的第一名去给自己加筑高墙，结果就只会目光狭隘撞南墙。教学质量是衡量一个教师优劣的重要标准，而比赛成绩只是其中的一部分，注重自身的教学水平和学生的学习效果才能以正确的心态面对比赛，真正实现教学相长。

第二，充分准备与自信。充分的准备是以正确心态面对比赛的关键。在比赛前，教师应深入研究评分标准，了解评委的期望和要求。同时，教师还应精心设计教学方案，制作高质量的教具和课件，确保教学内容的丰富性和多样性。其实优质课从接到比赛通知，到最后一轮比赛，大概会经历一到两个月时间，期间所有人都在不停地磨课、改课，整个过程太熬人了，但只有这样，才能不断突破桎梏，找到新的好点子。

除了充分准备外，教师还应保持积极的心态和乐观的情绪。比赛中可能会出现各种预料之中或意料之外的情况，教师应学会调整心态，积极应对挑战。在这次比赛中，由于前三位老师拖堂，导致我中间没有充足的时间去布置现场，紧急情况下，现场扩音设备没时间调整好；教师示范的工具还没有完全拿出来；没有和孩子们课前暖场，甚至我也不知道话筒在哪里；为了不超时，节省了课的拓展部分……我想幸好我带了很多老师在现场帮忙摆道具、排桌子，不然，这意外估计会更"刺激"。但也许正是因为我课前的准备很充足，经历了一次又一次的磨课练习，所以我很快调整心态，整个课也顺利上完了。尽管结果不好，但是又何尝不是人生的一段经历呢。

第三，注重细节与规范。在比赛中，细节决定成败。教师在教学过程中应注重细节，如教学语言的准确性、教态的自然大方、课堂互动的有效性等。这些细节不仅能够影响学生的学习效果，还能够给评委留下深刻的印象。因此，教师在备赛过程中应特别注意这些细节问题，力求做到最好。包括这次跟着张老师去浙江学习，看到一线教师在课堂上的魅力展现，我发现语言和台风太重要了，每一次和学生的对话与反馈都能体现出老师的素养和思维高度，这其实不单单是这次比赛能准备得了的，它更是我们平时课前课后的学习和积累。

第四，积极应对挑战与困难。比赛中可能会遇到各种挑战和困难，如设备故障、学生行为问题等。面对这些挑战和困难，教师应保持冷静的头脑和积极的心态，及时采取有效的应对措施。当然，提前去场地试课件非常重要,这次比赛不止一位老师的课件发生技术问题,这会让原本想要呈现的效果大打折扣。同时,教师还应善于总结经验教训,不断改进自己的教学方法和策略。只有这样,教师才能在比赛中克服困难,取得好成绩。

第五,正确对待成绩与评价。比赛结束后,教师应正确对待成绩和评价。无论成绩如何,教师都应保持谦虚的态度和开放的心态。对于取得好成绩的教师来说,应将其视为对自己教学能力的肯定和鼓励;对于取得一般成绩的教师来说,应从中找出自己的不足和差距;对于取得不好成绩的教师来说,应坦然接受并积极寻求改进的方法。同时,教师还应认真听取评委的意见和建议,从中汲取营养和启示。只有这样,教师才能在比赛中真正实现自我提升和成长。

第六,持续学习与发展。参加小学美术优质课比赛是一个学习和发展的过程。教师在备赛过程中应不断学习新的教学理念和方法,提高自己的教学水平和专业素养。同时,教师还应关注教育技术的发展动态,了解最新的教学工具和手段,不断拓展自己的教学思路和手段。通过持续学习和发展,教师才能够不断适应教育改革的需要,更好地满足学生的学习需求。

二、困难与挑战

别看我现在侃侃而谈,其实在这次比赛中,我遇到了许多困难和挑战。这些困难不仅考验了我的教学能力和心理素质,也让我在实践中不断成长和进步。

一是课题困难。困难描述:在备赛过程中,我面临的最大困难是如何把被大家都上腻的教学内容创造出新意,其实这也是我前期选课时的偷懒所导致的。所以我大量地在各种平台查阅有关的资料,既要了解史实,又要找寻共通点来突破课程进行创新,确保教学内容既能够吸引学生的兴趣，又能够达到教学目标。这需要我具备深厚的专业知识和教学经验，以及对学生的深入了解。

应对策略：为了解决这个问题，我首先进行了大量的市场调研，了解当前小学美术教育的热点和趋势；了解目前学生对各国动漫的认知；了解动漫的国际化视角；了解他们现在所流行的动漫……同时，我还与同事和专家进行了深入的交流和讨论，听取他们的意见和建议。在此基础上，我精心设计了教学方案，确保教学内容既有创新性又符合实际教学需求。此外，我还不断调整和完善教学方案，以适应不同学生的学习特点和需求。

二是教学方法的创新与实践。困难描述：在比赛中，我试图运用一些新的教学方法和手段，如互动游戏、角色扮演等。然而，这些方法在实际应用中并不总是如预期般顺利。有时学生对这些新颖的教学方法并不感兴趣或者难以理解，导致课堂效果不佳。

应对策略：面对这种情况，我首先进行了自我反思和总结，分析教学方法的不足之处和原因。同时，我也与学生进行了深入的交流和沟通，了解他们的学习需求和兴趣点。在此基础上，我不断调整教学方法和手段，尝试用不同的方法和策略来激发学生的学习兴趣和积极性。此外，我还积极参加培训和研讨会等活动，学习和借鉴其他优秀教师的教学经验和方法，不断提升自己的教学水平和能力。

三是课堂管理与互动。困难描述：在比赛过程中，如何有效地管理课堂和激发学生互动也是我面临的困难之一。由于比赛环境和时间限制，我需要在短时间内建立良好的课堂秩序和互动氛围。这对于我来说是一个巨大的挑战，因为不同的学生有着不同的性格和学习特点，需要我灵活应对和调整教学策略。

应对策略：为了解决这个问题，我首先制订了详细的课堂管理计划和教学策略。在备赛过程中，我多次模拟教学场景和学生行为，思考如何应对各种突发情况。在比赛过程中，我注重与学生的沟通和互动，通过引导和鼓励的方式激发学生的学习兴趣和积极性。同时，我还运用一些课堂管理技巧与策略来维护课堂秩序和纪律。此外，我还积极与评委和其他参赛教师交流，学习他们的经验和技巧，以提高自己的课堂管理能力和水平。

四是时间与压力的管理。困难描述：在比赛过程中时间和压力的管理也是一个很大的挑战。比赛时间看似很长，但实际是在有限的时间内不停地改进和调整，我需要在规定时间内完成当下的更改，实现新创意、完成所有的教学任务并展现出最佳的教学效果。同时我还需要面对来自评委和观众的压力与期待，这让我感到非常紧张和焦虑。

应对策略：为了解决这个问题，我首先制订了详细的备赛计划和时间安排，确保自己能够充分准备并按时完成所有任务。同时我还学会了如何调整自己的心态和状态，通过深呼吸、放松训练等方式缓解压力和紧张情绪。在比赛过程中我尽量保持冷静和专注，集中精力完成教学任务并展现出自己的教学水平和风采。

通过这次比赛，我深刻认识到自己在教学方面还有很大的提升空间，需要继续努力学习和实践来不断提高自己的教学水平与能力。同时我也意识到面对困难和挑战时需要保持积极的心态与乐观的情绪，勇于面对和解决问题，不断超越自己，实现自我价值的提升。在未来的教学工作中，我将继续努力，不断探索和实践新的教学方法与手段，为学生的成长和发展贡献更多的力量。同时也希望能够得到更多同事和专家的指导与支持，共同推动小学美术教育事业的发展。

三、收获与成长

在小学美术优质课比赛中，我收获颇丰。主要体现在以下四个方面：

首先，教学能力的提升。通过这次比赛，我深刻认识到自己在教学能力上还有很大的提升空间。在备赛过程中，我深入研究评分标准和评委的期望，精心设计教学方案，制作高质量的教具和课件。在比赛过程中，我注重细节,力求做到最好。这些经历让我更加明白教学的重要性和挑战性,也激发了我不断提升自己教学能力的动力。

其次,与时俱进的重要性。在比赛中,我通过对现代技术手段的使用和更改,尝试了一些新的教学方法和手段,从 VR 虚拟展到通过 AI 技术就能让一张图片上动漫形象动起来,再到 HELLO AI 让学生与屏幕中的动漫角色互动,这些与时代共成长的现代技术,让我意识到教学方法的创新对于提高教学效果和激发学生兴趣的重要性。同时课前调研也让我更加深入地了解了学生的学习需求和兴趣点,我也学会了如何根据学生的实际情况和学习特点选择合适的教学方法与手段。

再次,团队协作的重要性。在备赛过程中,我与同事们一起讨论教学方案、分享教学经验,共同成长。每个人都有自己的天马行空,他们的建议总会给我带来一些灵感。同时我也从小伙伴的建议中深刻感受到:留心观察生活中的小故事、多元化去关注生活,以及用艺术的角度看待生活非常重要。我是一个不爱看春晚的人,从刘老师口中了解到今年的春晚中竟有关于动漫的歌曲表演。在聆听中,我找到了动漫对社会更深层次的意义:是啊,动漫有奇妙趣味的形象和跌宕起伏的故事,更重要的是,看《哪吒闹海》的我们如今深潜海底,驾驭探海蛟龙;看《大闹天宫》的我们如今仰望星空,遨游天宫……

这些经历让我深刻体会到团队协作的重要性,不仅可以提高工作效率,还可以促进个人的成长和发展。在未来的教学工作中我将更加注重与同事的合作与交流,共同推动学校美术教育的发展。

最后,自我反思与持续学习。比赛结束后我认真总结了自己在比赛中的表现,并找出了自己的不足和差距。同时我也积极听取评委的意见和建议,从中汲取营养和启示。这些经历让我更加明白自我反思和持续学习对于个人成长的重要性。在未来的教学工作中,我将不断反思自己的教学实践,总结经验教训,持续学习新的教学理念和方法,不断提高自己的教学水平和专业素养。以下是我的一些建议,希望能对老师们有所启发和帮助：

一是要持续学习。专业知识方面，定期阅读美术教育类书籍和期刊，了解最新的教学理念和方法。参加专业培训和研讨会，与同行交流经验，拓宽视野。深入研究教材和教参，掌握教学大纲和课程标准，提高教学水平。跨学科知识方面，了解其他相关学科的基础知识，如文学、历史、科学等。这有助于在教学中整合跨学科的内容，提高学生的综合素养。技术技能方面，学习并掌握新的美术技术和材料，如数字绘画、3D打印等。这些新技术为学生提供了更广阔的创作空间，也能让教学更加生动有趣。

二是要创新教学实践。课堂教学要不断尝试新的教学方法和手段，如项目式学习、探究式学习等。关注学生的个体差异，采用分层教学策略，满足不同学生的学习需求。及时反馈学生的学习情况，调整教学策略，确保教学效果。课外活动要组织丰富多彩的课外美术活动，如画展、手工制作比赛等。这些活动不仅能激发学生的学习兴趣，还能培养他们的团队合作精神和创造力。家校合作要与家长保持密切联系，及时反馈学生的学习情况和进步。鼓励家长参与孩子的学习过程，为他们提供必要的支持和指导。通过家校合作，共同促进学生的全面发展。

三是反思与总结。要定期对自己的教学进行反思和总结，分析教学效果和学生反馈。找出自己的不足和需要改进的地方，制订有针对性的提升计划。要收集和分析优秀的教学案例，学习其中的成功经验和教学方法。将这些经验融入自己的教学中，不断提高教学水平。要设定个人教学目标，并为实现这些目标而努力。在达成目标后给予自己适当的奖励和激励，保持积极的心态和动力。

四是专业发展。积极参加职称评定活动，准备相关的材料和作品。通过职称评定，展示自己的专业能力和教学成果。参与美术教育领域的学术研究，撰写论文和参加学术会议。通过学术研究，深化对美术教育的理解和认识，提高自己的学术水平。利用自己的专业知识和技能为社会作出贡献，如参与社区文化活动、开展公益讲座等。通过这些活动，提高自己的社会影响力和知名度。

五是个人成长。培养自己的兴趣爱好，如绘画、雕塑等。通过创作和欣赏艺术作品，提高自己的审美能力和艺术修养。保持健康的生活习惯和良好的心理状态。通过运动和休息来调节身心平衡，保持良好的工作状态和精神面貌。与同事、学生和家长建立良好的关系，提高自己的沟通能力和人际交往能力。通过与他人的交流和合作，拓宽自己的人脉圈和资源网络。

展望未来，我希望能够在小学美术教育领域取得更大的成就，为学生的成长和发展贡献更多的力量。我将继续努力提升自己的教学水平和专业素养，不断探索和实践新的教学方法和手段以适应教育改革的需要。同时我也将积极参与学校的美术教育工作，推动学校美术教育的发展，为培养更多优秀的美术人才贡献自己的力量。相信在未来的教育事业中我将不断成长和进步。

最后我想说，没有所谓的"卷"和"躺平"，我们要做的不过是对自己人生职业价值的规划和成长，做一个不被时代淘汰的人。

（作者单位：合肥市和平小学第二小学）

教师的格局就是孩子心灵窗户的开关键

王冠男

写作时没有思路，这种感觉真是让人有些手足无措。就仿佛置身于一片茫茫的迷雾之中，四周都是灰蒙蒙的，看不见前方的道路，也找不到任何指引的灯塔。脑海中原本应该涌动着的思绪，此刻却如同凝固的湖水，波澜不惊，寂静得让人心慌。就如同现在周末的我，坐在电脑前，看着新建的空白文档，真的是空白的文档……脑袋空白的我，借机偷个懒，拿起手机，刷起小红书，直到我刷到了一个简短的纪录片——《了不起的妈妈》。看完以后，我思绪万千，决定去看看这些纪录片的完整版。

《了不起的妈妈》纪录片讲述了中国不同城市的12位不同的妈妈，如何面对教育上的抉择和全身心的付出，也深刻地反映了中国教育现实的另一面。中国家庭普遍对孩子的教育寄予了极高的期望，家长们希望孩子能够取得优异的成绩，进入理想的学校，将来有稳定的职业和光明的前途。这种期望在很大程度上是因为家庭对于孩子未来的担忧，更取决于中国家庭对"成功"的定义和追求。

中国家长对"成功"的定义往往是过于狭隘的，主要聚焦在学业成绩、社会地位和物质财富等方面。而中国的教育环境也在一定程度上加剧了家长的焦虑。应试教育、激烈的竞争氛围，以及对于分数的过分看重，使得家长们不得不为孩子的学习成绩而担忧。他们害怕孩子输在起跑线上，因此会不惜一切代价为孩子提供最好的教育资源。其中一位上海妈妈就是如此，辞掉了自己百万的高薪职业，全力以赴地奔赴在孩子身上，从小学的择校，到兴趣班的选择，再到各种等级考试，这位全力以赴的妈妈把育儿当作了一个战场，在这个战场上只能有"常胜将军"，失败一次就如临大敌。阿胖妈妈，在千军万马的高考道路上，看不到所期待的未来，就换赛道，把战场转到一技之长——大提琴。大提琴的道路也没有那么一帆风顺，每天枯燥的练琴，考级的压力，让一个不到10岁的孩子眼神里失去了光芒。看到繁忙又无助的孩子，看到焦虑、眉头紧锁的家长，我在想教育到底给我们带来什么？给孩子带来什么？

我还记得我当年考编的时候，打开教材的第一页，第一段话是这样的：教育的本质是什么？教育的本质，其实是一种有目的地培养人的社会实践活动。它不仅仅是传授知识，更重要的是引导孩子们形成正确的价值观、人生观和世界观，帮助他们建立起独立思考和解决问题的能力。而现在的教育很显然离教育的本质渐行渐远。有人说现在的教育是一种病态，我不否认，因为我也是千军万马过独木桥般的竞争道路上的一位妈妈，我也咆哮过，在孩子熟睡后号啕大哭过，我也经常在家人、朋友、同事面前说，辅导孩子作业，比我自己当年考编还难。很迷茫，很焦虑，那种挫败感和无力感，我深有体会。但当我看到第5集，正值中国"鸡娃"教育风暴中心——北京海淀区人大附小的一位小学生妈妈，我才感觉到，浓浓的雾霾下透出一丝光来。

这位海淀妈妈叫李琦，她自身是个高学历的妈妈，毕业于北京大学，之后去美国读了MBA，毕业后就被谷歌录用。她向谷歌提的唯一的要求就是要回到中国工作。后来，她成为谷歌中国的创始员工。她老公同样也是央企设计院的一位教授，这样的强强联合下，儿子小帅却是一位"学渣"，这个"学渣"的定义，是在那个风暴中心所谓的"学渣"。他的对手都太强了，很多"卷娃"们，在小学阶段已完成初中课程的学习，仍在利用各种兴趣班的特长去冲刺名校。李琦和她老公选择的是接受孩子，去发掘孩子的闪光点，于是这个小小的"学渣"身上迸发出璀璨的光辉。五年级的他会做饭，会编程，会帮人出电脑配置单，会自己剪辑视频，而且已取得中科院的一级程序员证书。他还有经商头脑，有一天学校组织游玩，和其他小朋友不同的是，他买了一书包的零食，等同学累得精疲力尽，他坐地起价，原本3块的可乐，他卖6块，通过倒卖辣条可乐赚了小伙伴1000多块钱。他这一次引以为傲的"成功"，却换来妈妈的批评。李琦觉得小帅有思想问题，这么小就见利忘义，孩子用这个途径赚到钱不是个好事情。妈妈告诉小帅，在这个社会中，你所做的一切，一定不能是纯利己的，要对社会和身边的人有一份责任感。

他们一家人在餐桌上会通过一个快递小哥的赔偿问题去讨论什么是社保，中国的经济机构是什么，引导孩子去思考身边和社会上的种种问题。在假期时也不是把孩子送到各种机构，而是带着孩子去不同的博物馆，看中国厚重的历史文化，去名人故居，理解什么是中国人的使命感。她让孩子，在成绩面前，先成为一个有血有肉、有情感、有责任的独立的人。成绩考察不出一个孩子的所有方面，但是，现在的我们恰恰把成绩和学习能力像一个玻璃罩一样，扣在了孩子身上，屏蔽掉了其他的光芒，即使光芒再耀眼，在这个"玻璃罩"面前也弱得看不见。这样的教育真的能培养出社会所需要的力量吗？"我们最终能给孩子留下什么？"李琦这样回答："是精气神儿，责任心，以及好的价值观。"

父母的格局决定了孩子的格局，这样有家国情怀的妈妈，在日常的小事上，就可以以小见大地引导孩子，扶正孩子的成长道路。这意味着父母需要有开阔的视野，引导孩子看到更远的地方；需要拥有宽广的胸怀，包容和理解孩子，传递积极正面的世界观和价值观；还需要有深厚的理想抱负，激励孩子不仅看到眼前，还能看到更广阔的世界和未来。

而我们这些在教育前线的教师，能做的就是打开教师的格局。教师的格局就是孩子的心灵窗户的开关键，拿掉孩子身上的"玻璃罩"，让光芒照进来，照亮孩子，把真正的教育还给孩子。让教育抚育孩子的心灵，修补孩子的创伤，让孩子懂得爱，有爱自己和爱他人的能力。真心希望，中国的教育能让中国的孩子快乐起来，我们已经剥夺了他们太多的快乐。

"老师知道我的薄弱学科，家人清楚我的成绩排名，却唯独没人知道我是感情上嗷嗷待哺的孩子。从来没人教我友谊破裂、家庭不和睦、情感受挫、亲人离世、遇到创伤、被欺凌、抑郁焦虑、孤独、寂寞、压力大时怎么办。"一个个受伤的孩子，不知道怎么自救，怎么面对挫折。在病毒卷席而来的时候，我们看到的是输液大厅坐满了孩子，这些孩子却有个共同特征：左手输液。因为右手留着去写因为生病落下的作业。这是可悲的吧？教育的本质到底是什么？

现在教育存在的问题，在于咄咄逼人，他掐住了孩子的脖子，还希望孩子在这种情况下学会怎么去喘息。而造成这种局面的，不仅是教育本身，更是整个社会的连锁反应。社会、父母、教师都喜欢能"速成"的孩子，却忽略了孩子像个植物，需要生长周期，需要光合作用，需要雨水的滋润，也需要微风的轻抚。

现在的教育真的是筛选人，不是培养人吗？我相信现在的教育工作者都希望孩子们自己的人生能丰富起来，希望他们能在这个世界和社会中体验惊险、刺激，并收获成就，然后慢慢找到属于自己感受的平衡。我们要做的就是守护好我们中国的孩子，让我们的中国少年，朝气蓬勃，让每个孩子身上都散发着耀眼的光芒，既自信又自由，独立又坚强。

（作者单位：合肥市行知小学）

艺术课堂何以浸润学生心灵

王 婧

新课程标准刚出来时，我真的诧异了很久，艺术课程这是什么？音乐课没有了？当深入了解后才知道，原来音乐课、美术课统称为艺术课程。音乐课、美术课一直不被家长重视，有的家长称这些课程为"副课"，觉得这些课只是唱唱画画而已，不影响学习成绩，以后考试又不考，不学也罢。所以音乐、美术的教学经常局限在课堂上，一节课40分钟，一周2节，孩子们对这门学科甚至对学科老师都不熟悉，又如何能热爱它呢？

最新印发的《教育部关于全面实施学校美育浸润行动的通知》让我们深切感受到国家对艺术课程的重视。我们不再是人们口中教教唱歌、教教画画的老师，我们是美育的传播者。美育浸润行动需要我们！美育如同鲜花的营养液，花儿生长的每个阶段都需要一定的营养液，把握好营养液的度量才能浇灌出艳丽的花朵。我认为它是一种教育方式，是一种以情动人的教育，是一种作用于知情意的能力教育，也是一种对人的全面塑造，它培养人的正确审美观念、健康的审美趣味并激发其丰富多彩的审美创造力。

一、花儿各异，因需灌溉

反思我们曾经的教学，音乐学科的教学大多可以分为歌唱课和欣赏课两种，在歌唱课中，我们教学目标首先就是要用优美的声音歌唱歌曲，但大多数时候我们都是仅仅关注学生的音准问题，并没有关注学生是否热爱喜欢唱歌，以及学生个体差异性。曾经我跟一个学生的对话，让我深知我教学中存在的问题。

我记得是二年级的一个班级，他们班有个特别喜欢唱歌的孩子，在每一节歌唱课快结束的时候，我都会留5分钟，给孩子上台表演的机会，这个孩子每一节课都积极举手上台，如果没有喊他上台，他就会十分地失落，有时下课还会跑来跟我说：老师，下次喊我上台可以吗？其实，我并不是很想让他上台演唱，首先他唱得真的不怎么好，甚至可以说有些糟糕，音准、旋律都有很多问题，最主要的是经常他唱完后台下同学们哄堂大笑，每一次我都要进行圆场，这圆场的话语我都要说一轮了。但这个孩子意志可坚强了，不管别人怎么哄笑，人家依旧能唱完。我也明白他应该十分热爱音乐，热爱表演。课后我也与孩子进行了交流，我问孩子："你为什么一直很喜欢上台表演唱歌啊？"孩子告诉我说："我觉得很好听，就是想唱出来呀！"在美育浸润文件出台后，我意识到了自己的问题。文件中提到主要任务和目标是以美育浸润学生，全面提升学生文化理解、审美感知、艺术表现、创意实践等核心素养，丰富学生的精神文化生活，让学生身心更加愉悦，活力更加彰显，人格更加健全。这里面没有哪一条说要关注孩子的音准旋律问题。可能是作为音乐老师的我，总是关注一些音乐基础知识问题，忘记了美是要进行浇灌的，是潜移默化产生影响的。

喜欢养花的小伙伴们都知道，每种花都有不同的特点，有的花在冬天开，有的花在春天开，因此浇灌的方式也就不同，有的一天浇一次水，而有的一周浇一次就可以了。这就像我们的孩子一样，一个班虽然有45个同一年龄段的孩子，但是他们都是各有差异的，作为一名美育老师来说，首先要面向每个学生进行普遍式教学，其次我们可以效仿语文数学进行差异性教学，例如这个孩子喜欢表演，喜欢把觉得美的事情通过表演的方式表达出来，就可以积极鼓励他参加一些表演型的社团，可能唱歌是他的薄弱项目，但是可能他在话剧、舞蹈等方面大显身手。我记得曾经我看过一个电影明星的专访，记者问："小时候家长或老师就认为你表演十分有天赋吗?"他说:"并没有,甚至有的人认为我行为习惯不好,有多动症。"其实他就是很喜欢表演。因此,作为美育老师的我们要关注每个学生,根据个体差异性,因需灌溉。

二、你若灿烂,花儿更美

不知道大家是否发现一件十分有趣的事情,就是自己的上课状态牵动着孩子们的状态。我的上课状态是比较积极的,但是有一次身体不适,讲话都有气无力的。我记得很清楚,上的是《哦!十分钟》。这首歌曲是十分欢快的,但是孩子们最后唱得是有气无力,一点没有感受到欢快的氛围,下课时我还纳闷了,今天这个班孩子怎么回事,怎么跟我一样没力气。第二次去上他们班课时,我又把这首歌教了一遍,孩子们说:"老师,这首歌学过了啊!"我说:"你们上次唱的状态不好,再学一遍。"一节课下来后,我并没有提醒学生说唱得欢快点,这是一首表现下课十分钟欢乐场景的歌曲,我只是带孩子学唱歌曲内容。我问孩子们:"这次你们唱得很好啊,上节课是怎么回事啊,怎么唱得有气无力的呀!"孩子们睁大眼看着我说:"老师,上次你不就有气无力表现的吗?"哦,原来问题出在我这,我的表现,让他们误认为歌曲就是这样的。上课期间孩子的眼睛是时刻盯着老师的。在他们的理解中,老师上课的表现就像电影一般,把本节课所要表达的喜怒哀乐都表演在其中,也是他们这节课所要学习的内容。

孩子就像是我们的花儿一样,遇到明媚的阳光时会开得更加艳丽。我们正如花儿所需的阳光,当阳光灿烂温和的时候,花儿就会随之长得越好,而阳光过于热烈,或过于柔和,花儿对阳光吸收就会存在或多或少的问题。因此作为美育老师,在课堂教学时要以高标准要求自己的状态,每节课都应根据教学内容的变化有所调整,这样孩子们就能通过感官得到更深的浸润。

三、 调节养料，花将更绚

什么是美？怎样才算是美育教学？这个问题一直以来都是让艺术学科老师头疼的事。通过研读美育浸润文件，我豁然开朗。美育是审美教学与美感教学的结合，是通过教育来提升学生认识美、理解美、欣赏美、创作美的能力。这不单单是一节课或是一个学科能做好的。在课堂上，我觉得更多的要做到学科融合。于是我自己进行了学科融合教学的探索。我实验了两节课。一节是与美术课堂融合，三年级《祖国祖国我爱你》，歌曲里描述了用蜡笔描绘美丽的祖国。这是一首歌唱课，我的教学重点是让学生用自然的声音演唱歌曲，并用水彩笔描绘一幅祖国的画卷。课前我在黑板上画了红、黄、蓝三种颜色。课中则放一段欢快喜悦的音乐，让学生根据音乐选择颜色。大部分学生会选择黄色和红色，他们觉得这两个颜色可以代表愉快的心情。选蓝色的较少，因为他们认为蓝色会给人一种郁郁寡欢的感觉。选完颜色之后，进入到歌曲教学，初听让学生感受音乐的情绪，复听让学生用选择的颜色画旋律线，这时候3人或6人为一组（每个小组一张纸，分组的时候有选黄色、红色、蓝色的不同学生）。然后规定学生在指定的位置画旋律线（颜色分区域进行）。复听结束后，我带学生学唱歌曲，学唱完后，再次完整聆听歌曲时，小组成员可以选择2~3种其他颜色的画笔，把画纸空缺的地方根据歌曲的内容填满。最后老师拿出画板，展示同学们的作品。

以上就是我们整个课堂的简单教学过程，总体来说课堂的氛围不错，学生们都很喜欢这样的教学，不再局限音乐内容，而是学科融合。但是还存在较多问题，一是时间不太够用，又要画画又要唱歌，内容较多，学生学得不太扎实。二是小组合作时，容易出现冲突事件，学生意见不统一，造成课堂的小混乱。但是我觉得还是有优点的，就是这节课孩子知道了旋律特点可以用画笔的颜色表示，这不就是美的融合了吗？

正如我们的嫁接花一样，有很多嫁接花都十分的美丽，它的美甚至超过了原生花。这是为什么呢？我认为是因为它感受到不同的养分，吸收了不同的养料，取其精华去其糟粕后就出现了最绚丽的花朵。我们的美育教学不也可以吗？融合不同学科内容，让学生吸收不同的知识，把知识进行融会贯通，在感受美的同时能学会鉴赏美和创造美的能力。

作为一名艺术教师，做好美育浸润工作，最基本的就是课堂教学。但老师不能局限于课本的内容，还要通过信息技术、人工智能等科技带领学生认识到更多艺术相关内容。在课堂上可以布置一些让学生探索的小作业，例如，寻找某某作曲家的作品，选择你喜欢的一首并在下节课与同学分享。寻找和分享的过程不仅让学生认识到美，也可以给学生带来更多的知识内容，课堂教学中只要抽出5分钟的时间，总结学生们小作业情况，也就是培养了学生认识美的习惯。习惯养成了慢慢地培养了学生开启自己认识发现美的能力。

花苗同期种，滋养每枝苗，需要细心、耐心、信心，把握住每枝花苗的花期，让他们在最美时刻绽放。一直以来老师都被称为园丁，花儿就是可爱的学生，种下的时间是一样的，但护理修养就是"园丁"的事情，艺术课堂就是那浸润的营养液。点亮生活的美，点亮世界的美，需要园丁用营养液去浇灌。让美遍布世界，让美滋养每个人的心灵，让美育浸润每个孩子的心。

（作者单位：合肥市大通路小学新海校区）

音乐课堂上学生从众现象探析

王雨昕

一、音乐课堂中的潮流追逐

在这个信息爆炸的时代,音乐像一股色彩斑斓的洪流,冲刷着每一个年轻人的心灵。然而,在现在的音乐课堂上,却发生了一种较为普遍的现象——学生们似乎都在追逐着同一个潮流,那就是网络中最热门的歌曲。这群正处于青涩年华的十三四岁少年们,他们的耳朵似乎被一根无形的线牵引着,总是朝着最热门、最流行的音乐方向摇摆。在他们眼中,那些被大众追捧的歌曲就是他们应该追随的潮流,而音乐课本中的那些经典乐曲,却成了他们眼中的"老古董",被束之高阁,无人问津。

作为一名音乐教师,我时常为这种现象感到困惑不解。是什么力量驱使学生们如此偏爱潮流而非经典?是纯粹的个人喜好,还是从众心理作祟?

随着问题的深入,我开始慢慢研究学生们的心理。我发现,这种现象其实是一种从众心理的体现。从众心理指的是个人接受外部群体活动的干扰,并在自身的感受、判断、认知中显示出适合于大众社会或大多数人的行为模式,最通俗的解释便是"随大流"。

群体环境往往会对个体形成潜移默化的影响,对中学生的思维、心态和行动也产生很大影响。中国有句古语"近朱者赤,近墨者黑",群体易让个人产生对其的信任。对群体越是信赖,个人也越是容易改变自身的行为并从众。当学生处在一个群体中,如果个人对事件的认识与群体对事件认识常发生冲突或差异，那么这种差异与学生的从众反应相关。

尤其是在青少年这个阶段，他们正处于生理和心理的巨变之中，对自己的行为和选择往往缺乏自信。因此，他们更倾向于听从群体的声音，以此来获得一种安全感。这种安全感，就像是一层保护膜，让他们在面对未知和不确定时，能够感到一丝安慰。

然而，这种从众心理也带来了一些负面影响。它让学生们失去了独立思考的能力，变得盲目跟风。他们不再关注音乐本身的价值和内涵，而只看重它是否流行、是否受到大众的喜爱。这种扭曲的音乐观念，不仅让他们错过了许多优秀的音乐作品，也让他们在音乐学习的道路上越走越偏。

二、从众心理在音乐课堂中的体现与影响

我在一所初中工作，接触到的学生群体为13~15岁的青少年，处于这一阶段的学生正面临着诸多生理和心理上的变化，加上学业压力的冲击，他们无时无刻不想快快长大，摆脱父母的管束，赢得一片自由的天地。这时他们对自己的行为没有把握，但由于青春期的心理特点，他们不会去询问家长的意见或求助师长，更多的是在同学之间交流讨论，急切地想要融入群体之中，于是大部分青少年所认同喜欢的东西成为主流，使得从众现象在这一阶段迅速传播，达到一个巅峰时期。

这种现象在音乐学习中也体现得十分明显，音乐课作为诸多学科中的一剂调味料，更多是起到放松身心、陶冶情操的作用。正是因为音乐课不作为升学考试科目，使得学生没有太强的好胜心，学习时也不够严谨。中学生在爱好方面比较偏好一些流行的歌曲，在课间的讨论也比较偏向于这些，久而久之，对流行音乐的热爱是必然的。在许多人表示对某位歌手的好感时，一个即使有自己想法的学生也不会有更多的表达，而认为必须与大家保持着相同的爱好，不然在同学间就会被讥笑为落伍，因此对书本中

的内容秉持着可有可无的态度。在2022年暑期的研究生专业课音乐教育原理课堂上，播放了一段有趣的视频——流行音乐《孤勇者》逐渐成为儿歌。一首本不属于儿童歌曲范畴的歌曲却能够在孩童们之间广为传唱，这正是在网络的影响下，从众心理逐渐低龄化的现象。

在我的音乐课堂中，为了更好调整学生上课状态以及了解学生喜好，我开辟了一个课后五分钟聆听个人喜欢的歌曲环节，本以为这一方式可以促进学生上课后较快进入学习状态，更加配合教师上好一节常态课。现实情况却是他们对音乐教科书中的歌曲或乐曲没有聆听下去的欲望，上课时一心只想快点进入这一环节，对于课上的提问和演唱欣赏环节毫不在意或草草应付，更有甚者直接向我问："老师能不能听歌了，不想上课了。"出现了学生喜欢音乐但是对音乐课和音乐课本中的内容不感兴趣的现象。

三、改善音乐课堂中从众现象的举措

如果想完全逆转这一现象，当然是不太可能的。但如果我们能将青少年的从众心理当作一把双刃剑看待，会发现它虽有消极的一面，但同时也会有积极的一面。发挥从众心理积极的部分，逐渐改善青少年在音乐课堂中的从众心理，使得每一位学生都能拥有属于自己的音乐欣赏观念，这可能并不是一件易事，但作为一名音乐教师，我们必须开始实践和探索。

1. 融入流行，激活课堂

教师要站在学生的视角改善我们的音乐课堂。在传统的音乐课堂中，仍是以教师为中心，老师教什么，学生就要学什么，一切规则方式由教师来规定，学生能发挥的空间很小。加上现在的音乐课本已经沿用了很长时间，课本中的部分乐曲就连年轻的教师群体也不熟悉，将教师自身就不太熟悉的乐曲在短时间内教授给学生，无异于现学现卖，起不到任何促进审美感知、艺术表现和文化理解的作用。在上学期的第一节课中，我并没有

着急开始上音乐课本中的内容，而是从寒假中学生们能接触到的电影、电视剧或是大型活动的音乐中入手，例如在电视剧《开端》中，曾一度让人感到害怕的手机铃声其实是乐曲《D大调卡农》，同时也是为同学们讲解卡农音乐循环规律的好素材；冬奥会中那个火到抢不到的冰墩墩吉祥物经常使用的伴奏配乐是从钢琴曲《爱的礼赞》节选而来；《蜜雪冰城》不仅仅是一首洗脑的广告歌曲，它也可以是美国民谣《哦！苏珊娜》的经典旋律，在1932年被中国流行音乐之父黎锦晖填入了中文词并红极一时。在立足课堂的同时，加入学生们会感兴趣的流行音乐元素，能够大大提升他们的学习兴趣，提高学生的课堂参与度，使得他们亲身投入音乐学习中。

2. 尊重差异，鼓励表达

教师要尊重每一位同学的个体差异。一千个人心中有一千个哈姆雷特，青少年正处于由感性思维向理性思维发展的过渡之中，有一部分学生由于自身的性格特点，不愿意表达或是不敢表达自己的观点，如果教师没有注意到这一点，那么他们很大程度上就会认同其他同学的观点，而否定自己的观点，久而久之在音乐课堂上不再参与其中，只需跟着众人的观点随波逐流。我在实习时，学校最德高望重的音乐组组长带领老师们探究音乐与戏剧的课程。在这节新型的课堂上，教师让全班同学自行分组，在给定主题之后，每个组自行分工，每一组中有导演、编剧、演员、主题主旨发言者、后期制作等职务，让每一位同学都能参与其中，发挥自己的实力，找到自己的闪光点。课堂不仅仅是教师的，也是学生自己的，教师可以给予学生部分权利，对每一位敢于发表不同观点的学生给予鼓励性的评价，使得学生不必担心自己与旁人观点不同，减少他们的心理负担。

3. 提升自我，重视课程

我们要从教师自身的角度出发，重视音乐课程，完善自己的教学方法和理念。我所在的学校大多数老师并不关注音乐课的好坏，在期中期末之前，音乐课也大多给了需要考试的学科老师，从而也让部分老师形成一种音乐课并不重要的观念，这也是一种从众心理。倘若音乐教师本身都不重视自己所教授的学科，那这门课程将毫无意义。因此，我们首先要从自身出发，提升自己的音乐专业能力，逐渐在日常课堂中寻找到适合自己的教学方法和教学理念，积极探索有助于充分调动学生学习热情的教学方法，能在课堂教学中实现老师上得快乐，学生学得开心的良好景象。其次，老师在备课时就需要有自己的课堂思维，PPT的内容、知识点、把握课堂的重点、难点、怎样增强课堂教学的魅力等诸多方面都要考虑得当，在备课的同时不断补充自己的知识。教师备课的同时也是在提升自己教学能力，如今在自身备课过程中，我会注重知识点讲解，也会考虑到这节课的内容能从当下哪一方面切入可以给学生更好的学习体验。

综上所述，面对音乐课堂中的从众现象，我们既需正视其带来的挑战，也应积极寻求改善之道。通过从学生视角出发，尊重每一位学生的独特个性，以及不断提升自身的教学能力与理念，我们有望为学生们打造一个更加开放、多元、富有活力的音乐学习环境。

在未来的教学旅程中，我将继续秉持初心，不断探索与创新，力求让我的音乐课堂成为学生们心灵的港湾，让他们在音乐的海洋中自由遨游，感受旋律之美，领悟音乐之真谛。我相信，只要我们携手努力，就一定能够点亮学生们心中的音乐之光，让它在青春的舞台上熠熠生辉。

(作者单位：合肥市第三十八中学)

让美育浸润在艺术课堂落地生根

薛慕迪

关于美育，人们普遍认为就是艺术教育，无非是教唱歌、跳舞、画画而已。其实，这是一种狭义的观念。真正的美育不仅仅是艺术教育，艺术教育只不过是美育的最主要形态而已。美育富有哲学含义，它与德育、智育、体育、劳育并列，是我国教育方针的重要组成部分，旨在培养人们欣赏美、创造美、传播美的能力，它不仅可以帮助人们提高生活质量，也促进着人的全面发展。

2015年9月15日，国务院办公厅印发《关于全面加强和改进学校美育工作的意见》（以下简称《意见》），该《意见》强调了学校美育工作的重要性。尽管如此，我国的美育现状却依旧不容乐观。在长期应试教育背景下，学校、老师和家长都普遍认为美育是一个辅助性的课程，并非主要的学习领域，而更加重视学生的学业成绩，忽视学生的特长爱好等发展。所以，有些学校的美育课可能只是摆设，甚至根本就不开设美育课程。学校和家长的重视程度不够，导致美育课成为可有可无的学科。此外，目前学校的美育存在着把知识技能教学等同于美育的状况，只强调艺术技能的学习，而忽视了对艺术本身的情感体验和领悟，这种认识是十分片面的。再者，目前的学校美育没有把关心和理解学生的审美需要和审美发展水平放在重要位置，对于学生的审美发展状况的了解和尊重还不够，这也违背了普通艺术教育的美育要求。

教育部在2023年5月及时出台了《教育部关于全面实施学校美育浸润行动的通知》（以下简称《通知》），为学校的美育工作提供了重要思路和可操作性举措。就学校的美育工作而言，《通知》特别强调：要严格按照各学段课程标准开齐开足上好艺术相关课程；发挥相关学科的美育功能，加强美育与德育、智育、体育、劳动教育的融合；配齐配好美育教师，加强师德师风建设；完善面向人人的常态化学校艺术展演机制，让每名学生都有展示的机会和平台；关注学生个体成长，尊重和保护学生的兴趣爱好和个性特点，全面考察学生发现美、感受美、表现美、鉴赏美、创造美的能力。作为一名普通的音乐教师，我们又该如何践行《通知》中的要求呢？

一、尊重个性发展

在传统的教学观念中，我们一直认为教师在课堂上要营造一种紧张、高效、严肃有序的学习氛围，要努力排除一切干扰，制止学生的任何随机行为和需求，要把他们的注意力全部集中和统一到学习中来，同时还要结合各种惩治手段来维持课堂的纪律。然而，在这种高强度的压制之下，学生怎能主动、愉悦地学习呢？与其他学科相比，美育其实就是一种感性教育，德国哲学家席勒认为美育正是要在理性占主导的文化和教育中保护和发展人的感性，使人能重新获得感性和理性的协调平衡，重建和谐完整的人格。他认为，理性为了精神性的追求而剥夺了人的自然本性，为了统一的人格而抽去了具体生存状态里个体生命的多样性和丰富性，而美育正弥补了理性的这些弊端。美育作为感性教育，着眼于促进个体的审美发展，激发生命活力，提升情感境界、培养创造力，最终目标是为了人的全面发展。如果人的感性受到了压抑，必然也会影响理性的发展，所以美育和理性应当是相互协调、相互包含、相互促进的。在我们的美育课堂上，老师们面对性格和成长环境各不相同的学生时，绝不能用统一的理性标准来要求和训练他们，而是要尊重每一个个性的存在，并且加以正确的引导，使每个学生都能在美育活动中发挥其自身的主体性。

在我的课堂上，有一个来自星星的孩子 A 同学，她的爸爸妈妈都在外地务工，可能一个月才能回来一次看望孩子，平时只有年迈的爷爷奶奶照顾他。由于 A 同学的行为不能自理，所以奶奶每天都陪着他来上学，回家以后还要照顾他的生活起居。为了了解同学们一学期的学习状况，每到学期末，我会举行一次小小的音乐检测，其实很简单，请同学们从本学期所学习的歌曲中自选一首喜欢的歌在讲台上演唱，老师对每位同学进行等级评价，对于表现优异的孩子给予物质奖励。为了体现对孩子们一视同仁，轮到 A 同学的时候，我依然把他喊上台，奶奶陪着胆怯的他一起走上讲台。我轻轻地问他，你学会了哪一首歌呢？孩子沉默许久没有说话，奶奶解围道："他会唱《新年好》。"我说："这首歌也可以呀，唱给老师听听吧！"在我们的鼓励下，他终于勇敢地张口，支支吾吾地唱了起来。我认真地听着，虽然《新年好》并不是本学期教材中的歌曲，他演唱的过程中口齿也不太清晰，音准也比较弱，但是我依然给了他良好等级，因为在我看来，A 同学能够勇敢地站在讲台上，就已经非常了不起了！他比那些自动放弃表现机会的正常孩子来说，已经是佼佼者。下课以后他的奶奶激动地跟我说，其实 A 同学平时在家也会唱唱歌，他也喜欢表现，希望被肯定，只是在学校里他鲜有表现的机会，因为平时文化课上，老师也几乎不会请他回答问题。

听到奶奶的这些话，我就在想，这不正是美育课堂的重要意义吗？保护每个孩子的尊严，助力他们向真善美的方向发展，塑造美好心灵。每个孩子都有权利接受美育，也都有权利表现自我。作为教师，我们要明白，任何艺术的体验都带有个性色彩，就像《通知》中所要求的：关注学生个体成长，尊重和保护学生的兴趣爱好和个性特点。所以要鼓励学生按照自己的方式去感受音乐，要在艺术课堂上倡导民主风气，允许个性差异的存在，鼓励真性情的表现，美育过程应体现民主宽松的气氛，避免学生因为害怕表现不好或者同学的嘲笑而抑制真诚的表演冲动，只有这样，才能保证每个学生都能参与音乐表现。

二、 注重审美体验

目前我国的"艺术教育"可以分为两种，一是专业艺术教育，二是普通艺术教育。专业艺术教育主要培养专业艺术人才，包括艺术创作、艺术表演和制作等方面的艺术人才，主要指艺术高校的专业教育；普通艺术教育指的是面向全体学生的通识教育，此类艺术教育在专业艺术水平方面大大低于专业艺术教育，我国中小学艺术教育即普通艺术教育。然而，目前很多的普通艺术教育却存在一个误区，那就是只强调艺术技能的学习，而忽视了对艺术本身的情感体验和领悟，导致人们认为接受了艺术技能的学习就等于接受了美育，这种理解是十分片面的。

诚然，学习一门艺术，不论是音乐或者美术，专业技能的学习是很必要的，若没有了专业技能的学习，我们很难掌握艺术正确的学习方法，也不能更深入地理解艺术作品的含义。但是普通艺术教育和专业艺术教育还是有很大区别的。普通艺术教育的目的不是培养专业的艺术人才或艺术家，学习艺术相关知识和技能是为激发学生学习艺术的兴趣和深入理解艺术作品的内涵而服务的，它并不是主要目标，真正的目的是提高学生的审美和人文素养。学生的审美发展是以学生审美经验的不断积累和丰富为基础的，审美经验的获得又依赖于学生积极参与具体的美育活动。与一般的文化课相比，美育活动需要一种特殊的学习方式即审美体验，即调动学生自身的各种心理能力观察、感受和评估审美对象，进而产生审美快感的过程，需要感知、想象、情感、思维等心理能力积极主动地参与和协同作用，因而体验过程不仅能获得令人愉快的审美经验，还能直接锻炼学生的各种心智能力。在学生不断体验的过程中，能够提高对审美课题的敏感性和辨别力，并且直接造就学生的审美趣味和鉴赏能力。可以说，没有审美体验，就没有美育过程，所以，与艺术专业知识技能相比，更重要的是关注学生的审美体验。审美体验也是美育最重要的原则，它使美育与其他教育活动区别开来。

审美体验是在具体的活动中产生的，任何人包括老师都不能代替学生去体验，也不能通过灌输的方式让学生产生这种体验，这样明显是行不通的，唯有尽可能地让学生直接参与审美活动，给学生创造丰富真切的审美氛围，让学生自己"动口""动手"，这样才是主动的参与，同时也要鼓励学生敢于表达自己的感受。在我们的音乐课堂上，老师们经常会在初听音乐之后问一问学生的感受，根据学生的年龄段不同，老师的问话方式也不同。

在一堂低年级的音乐课上，初听音乐之后，我问学生："你们喜欢这首音乐吗？"大部分孩子都说喜欢，突然一个声音冒出来说："不喜欢！"我当时有些诧异，不确定是不是孩子调皮，故意跟老师唱反调，所以我没有批评他，而是调整了一下心情对孩子们说："老师鼓励你们勇敢地表达自己的感受。对于一首音乐，有些同学喜欢，有些同学不喜欢，这都很正常，因为每个人的喜好不同，审美也不同，只要我们能够保持自己对积极的、美好事物的喜爱，那都是可以的。"

平时的上课过程中，我也会用多种方法带着学生们一起感受音乐，让他们根据自己的体验说一说对音乐的理解。一年级有首乐曲是二胡演奏的《小青蛙》，中间有一段暴风雨来临的音乐，这段音乐的速度由慢渐快，表现暴风雨越下越大的情景，连续的半音上行，给人一种紧张的感觉。我想听听同学们如何理解这段音乐，便问道："你们听到这段音乐是什么心情？"孩子们有的说很害怕，有的说很恐怖，看来他们对音乐情绪的把握还是正确的，我顺势问道："为什么会有恐怖的音乐，小青蛙们经历了什么？"有同学回答说遇到了怪兽，有的说下雨了，我提示他们结合插图，以及音乐由慢渐快的特点，同学们很快反应过来，这是暴风雨来了！我追问道："如果你是小青蛙，面对暴风雨会怎么做呢？"孩子们马上开始发挥自己的想象，有的把书打开挡在头上，有的把头埋在衣服里，还有的干脆钻到桌子底下去了，他们都开动脑筋，想方设法表现小青蛙躲雨的场景，看到他们如此可爱的样子，我为他们的创意点赞。

在音乐课堂上，类似这样有趣的情景还有很多，同学们都热衷参与这样的音乐体验。这样的体验不仅让同学们感受到美育带来的身心愉悦，同时也激发了他们的创造力和想象力。所以音乐教师在课堂上要保证学生从事审美活动的时间，给他们更多体验的机会。

三、开展艺术活动

《通知》指出：完善面向人人的常态化学校艺术展演机制，让每个学生都有展示的机会和平台。创新开展集审美赋能、创意实践、人文升华的社会实践活动，多途径多渠道宣传校园优秀展演节目和作品。艺术竞赛也是一种有效的组织形式，瑶海区一年一度的"德育文化艺术节"活动就是学生展现自我的舞台。我有幸能够连续多年作为指导教师带领校合唱团参加瑶海区德育文化艺术节"扬歌声"比赛，在老师和同学们的努力下，我们每年都能够获得"特等奖"的好成绩，也曾获得合肥市少儿艺术展演一等奖。除此之外，我校合唱团还曾经在瑶海大剧院、安徽大剧院、安徽电视台进行演出，甚至连人民大会堂都留下了孩子们绽放的身影。虽然在合唱团学习可能会牺牲老师和孩子们的休息时间，还要加班排练。中途有些孩子因为觉得辛苦而没能继续学习，但是能够坚持到最后的孩子都是佼佼者。所有的辛苦付出都在舞台上的那一刻闪耀着璀璨的光芒。当拿到沉甸甸的奖状时，老师和同学们的心里都暖暖的，感觉一切都是值得的。同学们在合唱团往往一待就是几年，跟老师的感情都很深。几位同学毕业以后，抽空来看我，我们一起回忆着合唱团的美好时光。有些同学进入初中之后继续参加校合唱团学习，小学打下的合唱基础，让他们在初中也可以继续发光发热，拥有快乐的学习生活；有些同学因为没收到合唱团的选拔通知而没能进入合唱团而感觉十分惋惜。还有些同学进入初中以后，依然会跟我联系，让我帮忙给他们班的文艺节目出谋划策。

我想，这便是美育活动的意义所在，通过各种艺术活动的开展，孩子们从小在家长或老师的指导下，不断积累审美经验，接触适合自己个性的优秀艺术作品，从点滴中获得审美体验，经过不断积累，他们的审美能力可以得到更好发展，从而能够保持对兴趣的持续热爱，保持对美好事物的追求，使得自身的情感世界更丰富、更自由，并向着健康、高尚的方向去发展。《通知》使用了"浸润"一词，说明美育不是填鸭式的灌输，也不是强制和被迫学习，而是潜移默化、润物细无声的，可能短期内看不出效果，但作用却是长远的，甚至影响受教育者的一生。

四、加强学科融合

《通知》明确指出：充分发挥相关学科的美育功能。加强美育与德育、智育、体育、劳动教育的融合，挖掘和运用各学科蕴含的品德美、社会美、科学美、健康美、勤劳美、自然美等丰富美育资源，分学科推动制定美育教学指导。

从"五育并举"到"五育融合"，就好比五个指头紧紧握在了一起，变成强而有力的拳头。《义务教育艺术课程标准（2022年版）》也强调要加强与其他艺术的融合，重视艺术与其他学科的联系，充分发挥协同育人功能。要注重艺术与自然、生活、社会、科技的关联，挖掘丰富的审美教育元素，传递人与自然和谐共生理念，促进学生身心健康全面发展。可见，课程融合是今后美育课程的必然趋势。

美育与德育的关系是最紧密、最复杂的，两者之间既有区别，也有联系。首先，德育是一种规范教育，强调学生的意志约束力，带有一定的强制性。现在的中小学大多数都设有"德育处"，德育处会制定一些行为规范的要求以及评价体系，用来约束学生的行为，以便学生能够适应社会的规范和法则。美育恰恰可以促成德育的发展，试想，一个在精神和情感层面都能够得到满足、和谐发展的人，怎么会在品德方面做出什么不适当的行为呢？所以在我们小学阶段的音乐课程中，也不乏渗透德育的音乐作品，比如二年级上册的《小麻雀》，通过小麻雀与小朋友和妈妈打招呼的故事，告诉孩子们要懂得礼貌；三年级的《妈妈宝贝》告诉孩子们要理解父母的辛苦，学习孝顺父母的美好品质；二年级下册的《大树妈妈》渗透了保护环境的意识；三年级的《红旗颂》《卢沟谣》《只怕不抵抗》等歌曲培养了学生热爱祖国的美好品质。

美育与智育两者的差别是很明显的。智育偏于理性教育，而美育偏于感性教育。但其实，美育也融合在智育的方方面面，比如数学中的轴对称图形、几何图形、抛物线等；在音乐课堂中，也有智育的渗透，比如二年级上册学习的歌曲《云》，渗透了雨水形成的科学知识，一年级下册的《星光恰恰恰》渗透了天文的相关知识。

美育与体育都是以活动本身为目的，也都包含着知识、技能、技术的学习，比如具有宗教性质的祭祀舞蹈，既是情感的交流，又是身体的运动。其实，必要的审美能力是掌握一些运动技能和技术的重要前提，比如体操和花样滑冰等诸多项目；在音乐课本中也有北京奥运会主题歌《我和你》，四年级的《乒乓变奏曲》渗透国球的相关知识。在某些歌曲中还可渗透民族特色的体育活动，比如蒙古族的摔跤、骑马、射箭等，同时，运动的节奏感也包含着自由与和谐的美感。

美育与劳育也是相互促进的关系。通过美育，培养学生热爱劳动、尊重劳动，崇尚劳动的美好品质。在人民音乐出版社出版的音乐教材中也有体现音乐与劳动的歌曲，如《劳动最光荣》《大家来劳动》《洗手绢》等，在愉快的音乐中潜移默化地培养学生热爱劳动的美好品质。我校去年成功申报了瑶海区劳动示范校。在我校有一片专门提供给孩子们的劳动农场。同学们在这片热土上播种、施肥、耕耘和收获，看到一片绿油油的蔬菜，一颗颗红彤彤的果实，孩子们的脸上荡漾起幸福的笑容。还有些同学用自己的画笔将小菜园描绘出来，色彩的搭配恰到好处，饱满的果实栩栩如生，在感受劳动快乐的同时，也体会到了收获之美。相信劳动的种子会在同学们的心里生根发芽，开出美丽绚烂的果实。

总之，不管从哪一种角度来说，我们的教育事业都不能脱离美育，我国拥有着悠久历史的美育传统和文化，应该大力弘扬中华美育精神，进一步加强关于美育领域的探索和研究。

综上所述，美育浸润行动刻不容缓。在如今信息爆炸的时代，网络媒体、游戏、追星等信息层出不穷，它们都直接刺激着少年儿童的感官，网络上一些双眼无神、萎靡不振的人物形象，以及错误的价值观，都会影响着我们的下一代对审美和传统文化的认识和精神状态。因此，作为美育工作者，我们的肩上担负着提高学生审美趣味的重任，要帮助学生提高审美鉴别能力，区别艺术作品中的好坏，从而培养学生高雅的审美趣味，帮助他们树立正确的价值观。让我们携起手来，共同为学生的健康发展以及美好未来奠基，将美育浸润真正落地生根！

(作者单位：合肥市大通路小学东校区)

创新的课堂

色彩与道德的美育交响

陈齐媛

在五彩斑斓的美术世界里,每一个色彩都蕴含着无尽的故事和深刻的道德寓意。作为一名美术教师,我深知色彩不仅是视觉的享受,更是心灵的触动。为了调动学生的美术学习兴趣,并让他们在创作中体会道德的价值,我设计了一系列基于"任务驱动"的美术教学活动。

一、色彩的魔法与道德启蒙

故事从一堂名为"色彩的魔法"的美术课开始。我为学生们讲述了一个关于色彩的神奇故事:在一个遥远的国度,住着一个名叫小明的男孩。小明对色彩有着浓厚的兴趣,但他总觉得自己的画缺少了某种魔力。一天,他遇到了一位神秘的色彩大师,大师告诉他,色彩不仅仅是用来装饰画面的,更是表达情感和道德的工具。每一种颜色都有其独特的道德寓意,如红色代表热情与勇气,蓝色代表冷静与智慧,绿色代表和谐与生机。

为了让学生们更直观地感受色彩的魔法和道德的力量,我设计了一个"色彩创作"的任务。我要求学生们选择一种颜色,通过绘画的方式表达这种颜色所代表的道德寓意。例如,选择红色的学生可以画一幅表现勇气与热情的画面,如消防员救火的场景:一个消防员正勇敢地冲入燃着熊熊烈火的房屋中,浓烟滚滚,火焰映照在他的面罩上,显得格外醒目。他手持高压水枪,坚定地迈步向前,毫不退缩。整个画面充满了紧张和动感,红色的火焰与消防员的制服形成了强烈的对比，突显了他们无畏的勇气和炽热的热情。选择蓝色的学生可以画一幅表现冷静与智慧的画面，如科学家在实验室中研究的场景：科学家戴着护目镜和白色实验服，手中拿着一支移液器，正小心翼翼地将蓝色的溶液滴入一个培养皿中。通过窗户，可以看到外面蔚蓝的天空，象征着科学家们对未知领域的探索和对智慧的无尽追求。画面中的蓝色调营造出一种宁静而理性的氛围，凸显了科学家的冷静与智慧。

在创作过程中，学生们纷纷展现出惊人的想象力和创造力。他们不仅用画笔描绘出了色彩斑斓的画面，更在画中融入了深刻的道德寓意。当学生们完成作品后，我请他们依次展示自己的画作并讲述其中的道德寓意。每位学生都热情洋溢地分享了自己的创作理念和色彩背后的故事。课堂上洋溢着浓厚的讨论氛围，学生们彼此间也展开了深刻的交流和讨论。通过这个任务，学生们不仅提高了对色彩的认识和运用能力，更在创作中体会到了道德的力量和价值。

二、线条的舞蹈与道德探索

在"色彩的魔法"课程之后，我又为学生们带来了一堂名为"线条的舞蹈"的美术课。我告诉学生们，线条是绘画的骨架，是表达情感和道德的重要工具。不同的线条可以传达出不同的情感和道德寓意，如曲线代表柔美与和谐，直线代表坚定与正直。

为了让学生们更深入地探索线条的舞蹈和道德的价值，我设计了一个"线条创作"的任务。我要求学生们选择一种线条，通过绘画的方式表达这种线条所代表的道德寓意。例如，选择曲线的学生们通过柔和流畅的线条，描绘出了一个个充满温馨与和谐的场景。例如，有的学生画了一幅母亲抱着婴儿的图画，线条优美柔和，传达出母爱无私、温柔的道德寓意。

另一位学生用曲线勾勒出一片宁静的湖面，湖水的波纹层层叠叠，象征着内心的平静与和谐。选择直线的学生则展现了不同的风格和情感。他们的作品以明确、刚毅的线条为主，传达出坚定与正直的道德理念。一个学生绘制了一幅士兵保卫家园的场景，笔直的线条构成了士兵挺拔的身姿和坚固的防线，表现出捍卫家园的勇气和决心。另一个学生用直线描绘了一座高耸入云的灯塔，象征着在风雨中坚守的信念和指引方向的正直品质。

有的学生则巧妙地结合了曲线和直线，创造出更为丰富的画面和深层次的道德寓意。其中，一位学生画了一幅森林中的小路，曲线描绘了蜿蜒的路径，直线则表现了参天的树木。整幅画面既有柔美的自然景象，又有直立不屈的精神象征，展示了自然与人类精神的和谐统一。

在创作过程中，学生们充分发挥了自己的想象力和创造力。他们不仅用线条勾勒出了各种形态的画面，更在画中融入了深刻的道德寓意。通过这个任务，学生们不仅提高了对线条的认识和运用能力，更在创作中体会到了道德的力量和价值。

三、 素描的力量与道德实践

在"线条的舞蹈"课程之后，我为学生们带来了一堂更具挑战性的课程——"素描的力量"。我告诉学生们，素描是绘画的基础，是表现物体形态和质感的重要手段。通过使用简单的线条、明暗对比和细节刻画，能够精确地表现物体的形状、结构和质感。不同的线条形式可以展现物体的轮廓、细节和动态。例如，细致的线条可以用于描绘人物的面部特征，粗犷的线条则可以表现建筑物的坚固感。线条的变化和组合不仅能够构建出物体的基本形态，还能传达出艺术家的情感和创作意图。明暗对比是素描中另一重要的表现手法，通过光影的变化，艺术家能够创造出强烈的立体感和深度感。例如，在画一颗苹果时，光照部分可以用浅色调表现，而阴影部分则用深色调描绘，从而使苹果看起来更加真实和立体。通过明暗对比，素描作品不仅能表现出物体的体积和空间感，还能突出特定部分，使画面更具视觉冲击力。另外，细节刻画是素描作品的重要组成部分。细致入微的刻画能够使物体更加生动和真实。例如，在描绘一片树叶时，艺术家可以通过细腻的线条表现出叶脉的纹理，使树叶看起来栩栩如生。细节刻画不仅增加了画面的真实性，还能传达出艺术家的观察力和细腻的情感。通过综合运用线条、明暗对比和细节刻画，素描能够全面地表现物体的形状、结构和质感。

同时，素描也可以用来表达情感和道德寓意。例如，通过精细的素描可以表现出物体的质感和美感，从而传达出对美的追求和尊重；通过描绘人物的神态和动作可以表现出人物的性格和情感，从而传达出对人性的理解和关怀。

为了让学生们更深入地体验素描的力量和道德的实践，我设计了一个"素描创作"的任务。我要求学生们选择一个自己感兴趣的主题进行素描创作，并在创作过程中融入道德寓意。例如，学生可以选择画一个环保主题的素描作品，通过描绘大自然的美景和遭受破坏的环境来传达出对环保的呼吁和关注；或者学生可以选择画一个关于友情或亲情的素描作品，通过描绘人物之间的情感交流来传达出对人际关系的珍视和重视。

在创作过程中学生们表现出了极高的热情和专注度。他们用心观察、仔细描绘，每一笔、每一画都充满了对美的追求和对道德的敬畏。通过这个任务学生们不仅提高了自己的素描技巧和创作能力，更在创作中体会到了道德的力量和价值并将之付诸实践。

四、反思与总结

经过一系列基于"任务驱动"的美术教学活动，学生们对美术学习的兴趣得到了极大的提升，同时也在创作中体会到了道德的力量和价值。他们开始更加关注生活中的美、珍视人际关系、关注环境保护等社会问题。这些变化让我深感欣慰，也让我更加坚定了在美术教学中融入德育内容的决心。

回顾这次教学经历，我深刻体会到"任务驱动"教学法在美术教学中的重要作用。它不仅能够激发学生的学习兴趣和创造力，还能够让学生在完成任务的过程中体会到道德的力量和价值。因此，我认为在今后的美术教学中，我们应该更加注重"任务驱动"教学法的运用，让学生在实践中学习、在创作中感悟、在体验中成长。

同时我也意识到在美术教学中融入德育内容的重要性。美术作品不仅是视觉的享受，更是心灵的触动。通过美术创作我们可以引导学生关注生活、关注人性、关注社会，从而培养他们的审美情趣、人文素养和道德观念。因此，我们应该在美术教学中更加注重德育内容的融入，让学生在欣赏美的同时也能够感受到美的力量和价值。

在未来的教学道路上，我将继续探索和创新，力求将美术教学与德育内容更好地融合在一起，为学生们带来更加丰富多彩的美术学习体验。同时我也希望更多的美术教师能够关注到这个问题，共同为培养德智体美劳全面发展的社会主义建设者和接班人贡献自己的力量。

（作者单位：合肥市第五十五中学东校区）

这场"雨"浸润了孩子们的心灵

樊 睿

"樊老师,这次比赛,你挑选几年级的孩子?""5年级吧。""好,几个班的孩子你随便挑。""樊老师,这次抽的课题是几年级的呀?""4年级。""好,那你要好好准备。"……

我是一位在第一学段无限循环的美术老师,很多时候和领导反映,低年级太难带了,孩子都不懂事,想要出去比赛上课都需要借班,很不方便,高年级的课很多都快忘了,让我很是郁闷。结果被领导一顿戴高帽:"孩子小难带,给你带才放心啊。"就这样我从未走出过第一学段。

大多时候,我们去参加比赛或展示课,都会选择中高年级的孩子,想着不仅孩子懂事点,配合度高,而且教授的内容相较于低年级段的内容也更加丰富,同时可以更多展示老师的基本功和学科素养,所以中高年级孩子备受青睐。

可是,低年级的课就不能参加比赛?低年级的孩子们就不能有展示的舞台吗?我在这个走不出去的第一学段中要学会自救,只有不断地摸索才可以寻找到机会。

我所在的学校,大部分学生都是进城务工人员的子女,所以家长忙于生计,中午在校吃饭的孩子很多,每次轮到我到班级配餐的时候,我总是想着"找点事"。有时到学校的操场上散步,抬头观察一下不同形态的云;有时去劳动基地转转,看看我们的植物长势如何;有时索性拿出一张纸,画一画今天的心情。小朋友的世界总是那么色彩斑斓,他们观察的云是五彩的,是变化莫测的,一会儿就能为你展现出一部生动的动画片。他们会发现油菜花的花瓣是四片,花蕊比芝麻还要小;会发现水珠滴落在番茄秧苗的叶片上，闪烁着微小的光芒；会发现四季不同的色彩，会发现手中的画笔可以打开另外一个梦幻的世界。

其中有一个我非常关注的孩子，名叫小颖，一年级刚入学不久，她的家长就特意到学校来找我，让我十分疑惑。原来离异的特殊家庭情况，导致孩子非常内向，几乎不与人沟通，但是她非常喜爱画画。自那以后，我便更加关注她，她会很认真地听课，但是从来不会举手回答问题，即便你点名让她回答，她依然不会作声，只有看见她的画，你才知道她的内心有多丰富。你可以看见彩色的城堡和粉色的天空，可以看见在巨人肩膀上跳起芭蕾的小女孩，可以看见把自己的手形变幻成章鱼在大海里畅游……一次家长开放日，需要展示孩子们的优秀作品，我把她的作品放在了展示栏最显眼的位置。这一次，她主动来找我，为我做了一张元旦的贺卡，卡片上为我精心画了一张像，打扮得像是公主。我笑了，我看见绘画给这个孩子带来丰富的世界，我庆幸自己是一位美术老师，做着一件小事却让一位孩子的内心掀起波澜。我欣慰她找到了另一扇与他人、与艺术、与世界建立情感连接的大门。在这里，她收获的不仅是快乐和自信，更重要的是可以主动去寻找热爱的事物。

这样一群可爱的孩子们，为什么不能给他们展示的舞台呢？一次难得的机会，我参加了送培送教展示活动，我很重视这次机会，内心也十分纠结到底选择哪个年级。就在这时，正好看见一位孩子兴奋地奔跑在操场上，大声地喊了句"下雨啦"，这让我也十分兴奋，新课标中美术第一学段的学习任务中内容要求和学业要求不就是欣赏身边的美和表达自己的感受吗？孩子们在雨中肆意地奔跑与嬉戏，这让我立即就决定好选择低年级的课题——《下雨了》。

备课的过程总是让人头疼，好的导入环节可以激发学生学习动机、提高学生的兴趣，让学习渐入佳境，第一步就把我卡住了。又到了午值的时间，在班级里转悠时发现，图书角里大多的书都是绘本或图文结合的形式，于是我立刻想到用适合低年级孩子学情的儿童绘本作为导入。它以图为主、以字为辅的叙事方式，一张张图画从视觉体验慢慢投射至构建健康积极的人生观、价值观上，有利于低年级学生学习、理解与感受人生。同时，绘本大部分通过画面与文字推动故事的发展，学生在创作过程也可以借鉴所学绘本的故事逻辑与绘画风格。于是，我选择了绘本《小水滴历险记》，其中一个个生动的小雨滴形象深得大家喜爱，不仅可以缓解孩子们在展示课中紧张的氛围，还可以充分发挥科学学科的美育功能，运用科学美了解自然界雨形成的原理。孩子们一下就被这样的美术课堂深深吸引。

接下来的教学活动中，我以问题为导向，让孩子们开始回忆那一次次生活中下雨的场景，回忆自己触碰雨的感受，回忆在雨中嬉戏的快乐……就这样，用对话与互动慢慢缓解孩子们局促的表现，让每一个学生发出自己的声音。孩子们想起在雨中操场上奔跑的样子，想起午后我带着他们观察过的云，想起劳动基地里植物叶子上晶莹剔透的水珠。

每位学生阐述和表达自己观点的过程，就是个体认知的唤起及潜在创意释放的过程，我看见他们一个个举起的小手开心地笑了。

孩子们情不自禁地开始拿起画笔用最简单的线条画出"第一条雨"，它可以是长长的线连成的大雨，也可以是短短的线散落的小雨，抑或是小小的点洒下星星点点的毛毛雨……这些或点或线组成的雨便是他们最美好的回忆，所以不用在意他们画得好不好，多不多，只要愿意去表达，就已经成功了。

爱因斯坦曾经说过："想象比知识更重要，因为知识是有限的，而想象力概括了世界的一切。"新课标中也提出，"美术创作始终要保持好奇心和想象力"，而孩子们天马行空的想象该如何让它具象化呢？接下来就来到了需要表现雨具的环节，是五颜六色的伞还是卡通可爱的雨衣和大大的雨鞋，也可能是自己临时找来挡雨的书包，没关系，我们可以选择喜欢的图形去概括雨具的外形。孩子们相互讨论，大胆发言，最后有的将复杂精美的雨衣概括成三角形，有的将五颜六色的雨伞概括成半圆形，还有令人更为欣喜的是孩子们会从不同角度去观察雨伞，表达出更多的图形和可能性。这样不仅大大降低孩子们创作的难度，也给了他们最大化的表达空间。

雨中的故事不仅仅有温馨有欢乐，也有可能是烦恼，孩子们只有先大胆说出自己的感受，才可以用画笔去表达所见所闻、所感所想。随后，我们跟着中国绘画大师韩羽画走进《听雨图》，这幅画仅靠寥寥几笔，就仿佛让我们看到了绿油油的瓜田，瓜棚里还趴着一个悠哉的小男孩，他两手撑着头，两只调皮的小脚丫交错地翘起晃呀晃，看着这天地间密密的雨线，仿佛可以听到雨滴打在西瓜上、瓜叶上、土地上的声音，多美啊。夏日午后的这一场大雨，带来的清凉，这样一幅富有童趣的作品，无形中以形象的力量与美的境界促进人的审美和人文素养的提升，不正是我们核心素养中的弘扬真善美、塑造美好心灵吗？

到了最后的创作环节，你会发现孩子们每个人的手中已经有了一个个精彩的故事，我需要做的，只是把这些有趣的故事串联在一起。故事的最后会是什么样的结局呢？他有可能会见到彩虹，有可能认识了新的朋友，也有可能从此爱上了大自然。不管什么都好，美育从来都不会被这一幅画所定义。

课程结束了，我和孩子们都意犹未尽，台下热烈的掌声才让我们回过神来。我在想，我只是美术与孩子们实际生活的衔接者，美术教育对美育的作用从来都不是一蹴而就的，而是在潜移默化中对学生加以影响的，是让学生在自然而然中接受教育，使自身的素质得以提高，品质得到升华。在课堂中，在操场上，在劳动基地里，在图书角，在校园里的每一个角落，都可以发现美育的身影，面向人人。低年级的孩子们用他们天真灿烂的画笔描绘着美育在他们心田种下的种子，描绘这美育的春天，就在班级里，让它们都铺满黑板，成为他们成长道路上的第一个舞台。

（作者单位：合肥市东风小学）

开学第一课——春晚中的那些美

高 洪

常言道"一年好景在春朝,一日繁华始晨曦",此言非虚。一个充满活力与希望的开端,对于任何事物而言,都显得尤为关键。然而,在音乐教育的殿堂里,我时常遭遇这样的尴尬——当新学期的第一缕阳光洒满教室,学生们手中那本承载音乐梦想的书籍却还缺席着。初入职场的几年间,面对这份等待的空白,我尝试着以闲聊为桥,连接起与学生的心灵纽带,分享假期的欢愉与奇遇,却发现随着时光的流转,这份交流的火花渐渐趋于平淡。

于是,我踏上了寻觅之旅,渴望为那至关重要的第一课注入前所未有的活力与色彩。一次偶然的对话,如同春风拂面,唤醒了我的灵感。当我询问学生们春节的趣事时,五彩斑斓的答案如繁星点点,却唯独缺少了春晚的身影。他们的回答中,餐桌上的欢声笑语、夜空中绚烂的烟花占据了主角,而春晚——这一国人共赏的文化盛宴,似乎成了被遗忘的角落。我在惊讶之余,心中却涌动起一股创新的激流。

那一刻,我豁然开朗:何不将春晚这桌丰盛的'美育大餐',作为我们春季学期音乐课的启幕之作?春晚,它不仅仅是电视屏幕上的光影交错,更是中华民族审美情趣与文化自信的璀璨绽放。它融合了歌舞的曼妙、小品的诙谐、相声的幽默以及杂技的惊险,跨越千山万水,将美的种子播撒至每一个家庭的心田。

从此,我的音乐课堂在春日的序曲中,增添了一抹独特的风景。我们共同回顾春晚的经典瞬间,从旋律中感受时代的脉搏,从舞台上领略艺术的魅力。这不仅是一场视听盛宴的重温,更是一次心灵与美的深度对话,它让音乐课成为连接传统与现代、文化与生活的桥梁，为学生们的艺术之旅开启了一个充满无限可能的春天。

春晚的美，体现在其丰富多彩的艺术表现形式上。无论是激昂澎湃的歌舞表演，还是幽默诙谐的小品相声，都展现了中国文化的博大精深和艺术的无穷魅力。这些节目不仅让观众在欢笑和泪水中感受到了生活的酸甜苦辣，更在潜移默化中传递了正能量和积极向上的价值观。春晚的美，还体现在其深厚的文化底蕴上。它承载了中华民族的传统美德和家国情怀，通过艺术的手法将这些元素巧妙地融入节目中，让观众在欣赏节目的同时，也能够感受到中华民族的文化自信和精神风貌。春晚的美，是与时俱进的创新精神。每年的春晚都在不断探索新的艺术形式与表达方式，将传统与现代相结合，让古老的文化焕发出新的活力。这种创新精神不仅体现在节目的内容上，更体现在舞美设计、服装造型等各个方面，让观众在欣赏节目的同时，也能感受到时代的脉搏与国家的进步。

最重要的是，春晚是中国人共同的情感记忆和集体感受的载体。每年除夕之夜，一家人围坐在电视机前观看春晚，已经成为中国人过年的一种习俗。春晚不仅仅是一场综艺节目的表演，更是中国人对美的集体感受的集中展现。它用艺术的方式诠释了中华民族的文化精髓和时代精神，让每一个观众都能在其中找到共鸣和感动。龙年的春晚才刚刚落下帷幕，这年的开学第一课着实丰盛。

节目一：《锦鲤》

当谈及春晚的璀璨开篇，我精心挑选了舞蹈《锦鲤》作为引领学生们踏入艺术殿堂的钥匙。这一节目，犹如一股清泉，瞬间激活了教室内的每一寸空气，让"美"这个字眼在学生们的心田深深扎根。舞台上，十一位舞者仿佛化身为灵动非凡的锦鲤精灵，他们穿梭于虚拟与现实交织的水下世界，编织出一幅幅令人心旷神怡的梦幻画卷。

周深的歌声《大鱼》悠然响起，如同天籁，与舞者们的曼妙身姿相得益彰，构建了一个既遥远又亲切的诗意空间。学生们被这绝妙的视听盛宴深深吸引，眼神中闪烁着对未知世界的好奇与向往，仿佛随着那悠扬的旋律，一同遨游于碧波荡漾的梦幻之境。

表演结束后，学生们的好奇之心如潮水般涌来，他们迫不及待地向我询问："老师，那些舞者是如何在半空中如此自如地舞动？"我微笑着，向他们揭示了背后的秘密——主创团队以超凡的创意，将瑜伽馆的弹簧绳与先进的威亚技术巧妙融合，创造出一种前所未有的舞蹈装置。这不仅仅是技术的革新，更是艺术灵感与科技力量的完美碰撞，让舞蹈的每一个瞬间都充满了生命的跃动与自由的呼吸。

我进一步阐述道："在这段舞蹈中，美被赋予了无限的生命力。它藏匿于舞者轻盈的跃动之间，流淌在高低错落的队形变换之中，更在空间的层次递进与队形的精妙卡农里展现得淋漓尽致。美，是一种细腻的感受，也是一种深刻的洞察。我们不仅要学会欣赏美，更要学会在日常生活中捕捉那些稍纵即逝的美好瞬间，用我们的心灵去感受，用我们的眼睛去发现，最终用我们的方式去诠释和传递这份美好。"

节目二：《看动画片的我们长大了》

看动画片的我们一代代长大了

让时光在那一秒定格

记得最初快乐

在心底流淌那一首歌

将美好勾勒未来

看动画片的我们一代代长大了

梦想原来有不同颜色

种下自己的梦

绽放出不同的花朵

那一刻我懂了

我有我的选择

让我成为了我

"时光的龙舟万里同行",我们是否还记得自己的童年?带孩子们看第一遍的时候,孩子们只顾着看动画片出现的视频,看完后我问道:"你们看到了什么?"

"我看到了动画片《舒克和贝塔》。"

"我看到了动画片《海尔兄弟》。"

"我听到了我们在音乐课上看过的《小猫钓鱼》。"孩子们七嘴八舌地说道。

"那你们有没有注意到演唱舒克和贝塔的人都是谁,他们有什么特点?"

"没注意。"

我得意地对他们说:"你们仔细看看,舒克们一个都不戴眼镜,贝塔们全戴着眼镜?"

我带着孩子又看了一遍,到了这里暂停下来,孩子们经我一说,发现真的是这样。他们特别好奇,问我为啥是这样,我微笑着向他们解释,原来演唱舒克的叔叔们都是中国国际航空有限公司的飞行员代表,他们就是在高空中驾驭庞大客机的英勇飞行员。因为飞行员这一职业对视力有着极高的要求,所以他们都不戴眼镜,眼睛明亮如星。而演唱贝塔的,则是南京理工大学军工专业的教师代表,他们平日里教导学生驾驶坦克,投身于国防科技的研究,或许是因为长时间的专注学习,使得他们中的一些人眼睛近视了,孩子们听后不禁捧腹大笑。

经过我这一番解释，孩子们在第二遍观看时变得更加细心，开始关注每一个演唱者的身份。他们看到了五一劳动奖章获得者、神舟十七号航天员乘组、科研工作者、文物保护工作者等各行各业的杰出代表。孩子们的心灵被深深触动，他们仿佛看到了自己未来的影子。"看《哪吒闹海》的我们，如今已能深潜海底，驾驭探海蛟龙；看《九色鹿》的我们，如今正修复文物，揭开千年风尘的面纱；看《神笔马良》的我们，如今描绘着未来的蓝图，创意无穷；看《大闹天宫》的我们，如今已能仰望星空，遨游在浩渺的天宫之中。"当年那些坐在电视机前观看动画片的小朋友们，如今已经成长为在各行各业闪耀光芒的佼佼者。

孩子们的心中也开始萌发自己的梦想，他们憧憬着未来能够像这些演唱者们一样，在各自的领域里绽放光彩。这场音乐表演不仅是对梦想的致敬，更是对孩子们最好的激励。我相信，在他们的努力下，未来的世界将会因为他们而变得更加美好。

节目三：《如果要写年》

在介绍第三个节目之前，我问了孩子们一个问题：如果要写年，你会怎么写？

孩子们都不说话，你看看我，我看看你。我给孩子们读了一首小诗：

嗯？
除夕夜月亮怎么不见了？
哦！
原来被新年请去当灯笼了。

这是一个叫龙梦瑶的孩子写的诗歌《月亮不见了》，她今年11岁，和班上的孩子差不多大,她来自湖南会同县粟裕希望小学。这是一所乡村学校,留守儿童占半数以上。

如果你要写年,就不能只写年,
要写一场瑞雪落满通明的老街,
写孩子的新装,老人的笑脸,
将朴素祈愿藏进一副春联,
写故乡飘满儿时的炊烟,唤回谁的童年,
写灯笼映暖了不眠的夜,舍不得熄灭。

当毛不易那温柔而深邃的嗓音缓缓铺展,如同晨曦初照,温柔地拂过每个孩子的心田,他们瞬间被这份温暖紧紧包裹,不由自主地随着那悠扬旋律轻声附和,仿佛整个世界都沉浸在了这份和谐与美好之中。这一刻,文字与音符交织成一幅幅动人的画面,不仅是一篇满分作文的精彩呈现,更是音乐魔力下心灵的共鸣,彻底点燃了孩子们对美的无限向往。

随着我轻步走向钢琴,指尖轻触琴键,一曲悠扬缓缓响起,引领着孩子们一同踏入这场关于"年"的诗意之旅。我轻声吟唱:"如果你要写年,就不能只写年,用眼睛、用耳朵、用心感受每个瞬间。"歌声中,孩子们的眼神愈发明亮,他们仿佛真的学会了如何以更加细腻和全面的方式,去感受生活中的每一个瞬间。

这堂课在孩子们意犹未尽的歌声与无限遐想中缓缓拉上了帷幕,却也在他们心中种下了探索与发现的种子。我深知,这个学期的启程,已伴随着美妙的旋律,如同春日里播撒下的希望之种,音乐与美,正悄无声息地在孩子们的心田生根发芽,茁壮成长。

我坚信,只要孩子们拥有一双敏锐而充满好奇的眼睛,生活中的每一处细节都将绽放出耀眼的光芒。无论是晨曦中晶莹剔透的露珠,午后温暖而慵懒的阳光,还是夜空中繁星点点的壮丽景象,都是大自然赋予我们最珍贵的礼物，等待着孩子们去发掘、去珍惜、去赞美。

展望未来，我期待见证孩子们在美的世界里自由翱翔，从发现美到欣赏美，再到创造美，每一步都将是他们成长路上宝贵的财富。我相信，在音乐的陪伴下，他们的心灵将日益丰盈，情感将愈发深邃，而那份对美好生活的热爱与追求，也将如同璀璨星辰，永远照亮他们前行的道路。

（作者单位：合肥市香格里拉小学）

小学音乐与美术的学科融合之旅

马 敬

在小学阶段，音乐与美术作为两个独立的学科，从审美教育、情操教育、心灵教育以及丰富想象力和培养创新意识的教育出发，各自承载着培养学生的艺术感知与表达能力的使命，能有效提升学生的审美素养，陶冶情操，温润心灵，激发创新创造的活力。一次偶然的备课，让我突发奇想，开始尝试将这两个学科进行融合，以期在跨学科的教学中为学生带来全新的艺术体验。这一音画之旅的启程，既是对传统教育模式的挑战，也是对学生艺术素养培养的全新探索。

在小学的课堂上，音乐通过旋律与节奏，唤醒孩子们的情感与想象；美术则通过色彩与线条、造型和轮廓描绘出他们心中的世界。然而，是否可以将这两门学科进行融合，从而为孩子们带来更加丰富和深入的艺术体验呢？

音画之旅的启程，正是基于这样的思考而展开的。在传统的课堂教学中，音乐与美术往往被分割成两个独立的领域，孩子们很难在音乐中感受到美术的韵律与色彩，也很难在美术中体会到音乐的节奏与旋律。而音画之旅的启程，打破了这种界限，让音乐与美术在孩子们的心中交融，共同构建出一个更加丰富多彩的艺术世界。

音画之旅的启程，也是对学生艺术素养培养的一次全新探索。艺术素养的培养不仅仅是让孩子们学会唱歌、画画，更重要的是培养他们的审美能力和创造力。音乐与美术的融合教学，可以让孩子们在感受美的同时，用自己的方式表达美、创造美。他们会发现还可以通过音乐去描绘画面，通过画面去表达音乐，从而培养他们的综合艺术素养。

一、探索：音乐与美术的交会点

在小学阶段的艺术课上，音乐与美术是一对姐妹花，各自闪耀着独特的光芒。然而，将她们置于同一舞台，便会碰撞出令人惊喜的火花，展现出一种全新的艺术魅力。

音乐与美术在表达情感上有着共通之处。作为音乐老师，我本来以为只有音乐在通过丰富的音乐要素表达着细腻的内心世界。孩子们在音乐课堂上对一首作品是欢快还是悲壮，是忧伤还是喜悦，从来都是有着一致和共通的感受的。在听了美术老师们的课之后，我才意识到，美术作品也有着丰富的情感世界，是灰暗还是明亮，是柔和还是坚定，也同样是人类情感的共通表达。而如果让音乐课与美术课交融，则是为孩子们提供了更丰富的将情感转化为艺术表现的平台。他们可以通过绘画来表达对音乐的感受，或者通过音乐来诠释美术作品的意境。

音乐与美术在创作过程中有着密切的联系。音乐创作需要灵感和想象力，而美术创作同样需要这些元素。在音乐课上，孩子们可以通过欣赏不同风格的音乐作品，激发自己对美术的创作灵感，听了德彪西的《雪花飞舞》，孩子们就可以自由地用画笔描绘出漫天飞舞的雪花、纷飞的落叶、灵动的水面。在美术课上，他们也可以通过观察自然和生活中的美好事物，为音乐创作提供素材和灵感。例如，为一幅忧郁的素描，选择一段充满哀愁的旋律；为一幅欢快的插画，搭配一首充满活力的歌曲。这种跨学科的创作方式，可以很好地培养孩子们的综合艺术素养和创新能力，提升孩子们的观察力和审美能力。

二、实践：动手创造音画世界

在小学阶段，音乐和美术课的交会点不仅限于理论的探讨，更在于动手实践。通过实践操作，孩子们能够真正体验到音画世界的魅力，进一步激发他们的创造力和想象力。

在音乐课上，老师可以引导孩子们通过歌声、身体动作、乐器表演来创造音乐画面。例如，可以选取一首具有鲜明画面感的乐曲，让孩子们尝试用身体动作来表达乐曲中的情感与场景。孩子们可以随着音乐的节奏摇摆身体、拍手跺脚，或者模仿乐曲中的动物、自然元素等，通过身体语言的表达来创造出音乐的画面感。这些活动我们经常会在课堂上开展，我觉得我们可以更有意识性地去引导和培养。而美术老师可以鼓励孩子们用画笔和颜料来描绘音乐中的场景与情感。可以先让孩子们聆听一段音乐，然后引导他们想象音乐中所描绘的画面，并尝试用画笔将其表现出来。在欣赏吉他乐曲《船歌》的过程中，孩子们听着荡漾的旋律，明亮温和的音色，就画出了荡漾的湖面和摇摆的小船，把悠扬的旋律跃然纸上，将自己的感受通过绘画表达出来。

在音乐课的创意实践中，我们还常鼓励学生亲手制作打击乐器，这一环节极大地激发了他们的创造力和音乐探索欲。然而，在专注于提升乐器音响效果的同时，我们或许不经意间忽略了一个同样重要的方面——乐器的造型特征及其所蕴含的审美价值。这一观察让我深刻反思，若仅以实用导向的思维模式来培养学生，可能无意中阻碍或者说限制了他们对美的感知与追求，导致生活中少了那份对精致与和谐的品位。

因此，我们应当在保持对音响效果精益求精的同时，也引导学生关注乐器的外观设计，鼓励他们将审美理念融入创作之中。通过这样的教学方式，不仅能够培养出既有音乐才华又具备艺术审美能力的全面型人才，还能让他们的生活因这份对美的追求而变得更加丰富多彩，充满情趣与品位。

通过动手实践，孩子们能够真正感受到音乐与美术的交融之美，创造出属于自己的音画世界。这样的实践活动不仅能够提升孩子们的艺术素养和审美能力，还能够培养他们的创造力和想象力，为他们的全面发展打下坚实的基础。

三、情景交融：创造独特的艺术体验

在小学艺术教育中，实现音乐与美术两大学科的深度融合，创造情景交融的独特学习体验，是一项既具挑战性又极具吸引力的任务。这一过程可以通过精心设计的主题活动，巧妙搭建起音乐与美术之间的桥梁，丰富学生的感官世界。

首先，可以选取贴近学生生活、富有情感共鸣的主题，如"春天"，作为融合教学的起点。在音乐课上我尝试过播放维瓦尔第的《春》和民乐《杨柳青》等经典曲目，引导学生为春天涂色。他们为《春》勾勒出鲜亮的绿色，为《杨柳青》增添热闹的红色，将抽象的音符转化为具象的色彩与画面，让我觉得特别的神奇和惊喜。同样，对于爱国主义、节日庆典、民族风情等主题，也可以采用类似的方式，让孩子们在音乐和美术的交融中感受不同文化的韵味与情感。另外，还可以利用角色扮演和舞蹈结合，使孩子们更深入地体验音乐和美术的情景。在音乐课上，我们可以选取一首描绘森林场景的乐曲，让孩子们扮演不同的森林动物，通过舞蹈和动作来展现乐曲中的意境。同时，美术课上，孩子们可以创作与森林相关的绘画作品，如树木、动物、溪流等。这样，音乐和美术在情景交融中相互呼应，为孩子们带来更加生动的艺术体验。这样的教学方式不仅能够为孩子们带来独特的艺术体验，也同样能够促进孩子们的全面发展。

四、收获与成长：音画之旅的收获

在小学音乐和美术的课堂上进行学科融合的音画之旅，不仅深化了学生对音乐与美术的理解，更促进了他们综合素养的提升。

音画之旅能够帮助学生建立起对音乐与美术之间的内在联系的认识。在音乐中，孩子们感受到旋律、节奏和情感的变化；在美术中，他们领略到色彩、线条和构图的魅力。通过音画之旅，学生们能够意识到音乐与美术在表达情感、描绘场景等方面的共通之处，从而更加全面地理解艺术。

音画之旅能够激发学生的创造力和想象力。在音画之旅中，学生们需要在音乐中寻找灵感，将音乐转化为画面；同样，他们也需要在美术中寻找音乐，将画面用音乐来表达。这样的过程不仅锻炼了学生们的动手实践能力，更激发了他们的创新思维。孩子们可以根据自己的理解，将音乐与美术的元素进行重新组合，创造出独具个性的艺术作品。

音画之旅还能够提升学生的综合素养。在音画之旅中，学生们需要运用多种感官来感知和理解艺术，这有助于培养他们的观察力、感受力和表现力。同时，学生们还需要与同伴进行合作，共同完成任务，这有助于培养他们的团队合作精神和沟通能力。通过音画之旅，学生们不仅能够在艺术领域取得进步，更能够在综合素养方面得到提升。

小学音乐和美术课堂上的学科融合音画之旅将为学生们带来丰富的收获。这样的教学方式不仅能够深化学生对艺术的理解，更能够激发他们的创造力和想象力，提升他们的综合素养和艺术体验，为孩子们带来愉悦的艺术体验。他们可以尽情地发挥和释放，只有思路完全被打开、创意也无限被激发，才能将音乐与美术的元素融合在一起，创造出属于自己的艺术作品。这样的过程不仅让学生们感受到了艺术的魅力，更让他们体验到了成功的喜悦和创造的乐趣。

（作者单位：合肥市行知小学）

核心素养视域下美术生活化教学的思考

陶梦非

《义务教育艺术课程标准（2022年版）》指出，应为国家培养具有人文精神、创新能力、审美品位和美术素养的人，并规定以学习活动方式来划分美术学习的领域，即"造型·表现""设计·应用""欣赏·评述""综合·探索"课程；加强学习活动的综合和探索性，注重美术课程与学生生活经验的紧密关联，使学生在积极的情感体验中发展观察能力、想象能力和创造能力，提高审美能力，增强对自然和人类社会的热爱和责任感。基于此，要达到艺术课程标准要求，美术课到底要教授孩子什么呢？是知识还是能力？所教内容对学生有什么作用？这些知识能转化成孩子的什么能力？怎样教才能将知识转化成能力？这些问题，都值得我们深入思考。

其实，从教这些年来，在实际教学中我曾发现很多的问题。比如一节课上完后，孩子们在课堂上对表层知识的掌握度很高，但下课后就会忘记，只有当再上到同类课时，才能重新记起，且回忆到的知识点并不系统。

对此，我反思过很多的可能性。如：是否讲授过于浅显、不够透彻，所以学生印象不深刻。因此我会提前查阅资料，罗列出大师作品各角度的评析，课堂上尽可能地多传授。然而我发现效果反而更差了，孩子们完全听不懂。二次反思时才发现，这种方法将简单的知识复杂化，严重违背了孩子身心发展的规律性。既然这个方向走不通，那么是否我在传授知识时，方式出现了问题？于是我花费了大量的精力去研究"游戏教学"，用希沃白板自己制作课件，设置各种各样的分类，对应电脑游戏去巩固教学重难点，课堂上孩子们热情高涨，我也一度认为这样的课堂效果会让他们记住知识，然而在课后的检测中，效果依然不佳。

偶然的一次听课机会，让我猛然意识到学生在课堂上会，课下就忘这一现象，或许是因为他们学到的知识是孤立的，缺少和生活的联系，学到但用不到，所以这些理解性知识便会很快遗忘。

一、 从生活经验入手， 开展美术教学

在得出"美术教学应注重与生活实践的联系"这一观点后，我依据课标划分出的四个领域，在实际教学中做出了一些细微的调整，开始进行尝试。

二年级《刷牙》《洗澡》等生活经验课程，能否让孩子带来自己的牙具，动手实践每天都会做的事情，如刷一刷？在刷的过程中渗透刷牙的正确方法，在孩子们体会刷牙快乐的时候，利用学校的希沃技术记录下有趣的瞬间并加以呈现，不是表演而是生活的再现，以此让孩子更加直观地看到自己或同伴刷牙时的生动表情，既解决了本课的难点，又教会了孩子基本的生活技能。

学生们通过美术课的学习，能够在生活中掌握正确的刷牙方法，用绘画的方法记录感受。从学生每天都会做的事情"刷牙"入手，创设了一个生活情境贯穿整个课程。新授时，第一部分要让学生了解到刷牙时需要哪些工具，为了避免孩子空想，故插入了超市的图片，给孩子一个具体的情境，有助于回忆。随后加入了游戏环节，选出合适的牙具，游戏里面混入了肥皂、洗面奶等选项，目的是帮助学生直观区分出洗漱用具和牙具的不同。第二部分直接过渡到在哪里刷牙，孩子们有的回答在洗漱间，有的回答在卫生间，在他们回忆后屏幕呈现洗漱间照片，这时教师拿出牙具实物，在这里穿插一个小环节，让学生在教师带来的大人牙膏和孩子牙膏实物中挑选合适的牙膏，以此引出儿童牙膏氟含量较低，而成人牙膏氟含量较高，儿童不易吸收，易阻碍骨骼的发育这一常识。第三部分是正确刷牙

的方法。先请学生描述,后播放刷牙方法口诀,让孩子们读一读有个了解,最后邀请一名同学现场刷牙。学生一开始会有些疑问:是不是要真的刷牙?当得到肯定回答后,便放心大胆地再现生活中的真实场景,教师可用手机记录下孩子刷牙的瞬间。第四部分重点是表情和动作,让学生回忆刚刚那位同学左右手各拿了哪些东西,以此带出动作,每个人习惯不同所以会出现各种有趣的动作。之后播放前面拍摄好的照片,猜测他的心情,以此让学生明白表情可以体现心情。第五部分是一个知识的小扩展,动物界也非常重视牙齿健康,扩充知识点,为孩子之后的创作提供更多的素材。最后一个部分的教师示范环节,故意留白,为了引导孩子们对居室环境进行回忆联想,将其添加在作品的背景处,更贴合生活,增添表现感受时的气氛。

二、 注重生活感受的表现

对于低段"造型·表现"领域课程的尝试,我让孩子们在美术课堂上更加注重生活感受的表现,用绘画的方法去记录感受,在教学中渗透美术与生活的关系。

如:美术课本中和自然相关的课程——《我们身边的痕迹》,我将学生带出教室,去校园中进行实地拓印,让他们真正感受到痕迹就在我们身边,可以用美术中拓印的方法去记录。

在上网课期间,第一课《添画》刚布置完作业就出现了问题,很多家长向我提出"没有风景有关的画报怎么办"。其中有一个家长的疑问让我印象深刻,并给我之后关于课程的灵感。她说:"家里没有和风景有关的画报,但是家中的瓷砖贴上有风景,能不能直接添画在瓷砖上?"她的提问带给我新的视角——为什么《添画》这课只能局限展示在纸质的风景图上呢?有了这个想法后,我开始从生活中找适合这课的媒介,于是我找到了一个每家都有的风景,就是——窗户。透过窗户,不论从什么角度、什么时间,或站着或坐着,你都能看到不同的风景……既解决了没有材料的问题,又在本课中渗透了生活教育,让孩子们意识到美其实无处不在。

三、 美术与其他学科的融合

在《雄伟的塔》一课中,我设计了三个与生活联系的点。①情感态度价值观环节。家乡的塔留给孩子们课下去查阅,在孩子们分享完后,PPT呈现出瑶海区大兴塔、包河区包公祠的清风阁塔、巢湖的文峰塔的照片,大多数孩子来自安徽合肥,从孩子们生活环境入手,容易让他们产生共鸣,在以后的生活中再见到塔,能生出对家乡的自豪感。②教师示范环节。我选择了书本上的应县木塔图片进行现场写生,在示范时首先对这个塔的结构从下到上作出了分析,然后从塔基、塔身、塔刹依次往上丰富,引导孩子发现塔身的每一层是如何组成的,如屋檐、柱子、牌匾、对联、灯笼等,让孩子了解到可以用写生的方法表现塔,并根据自己的想法加入装饰物,使塔更具生活气息。③课后拓展环节。我将这节美术课与语文古诗《登鹳雀楼》相联系进行课程延伸,孩子们通过语文课上的文字学习对这首诗有了初步的认识,再尝试通过用绘画的方式把诗的意思表现出来。"欲穷千里目,更上一层楼"可与《雄伟的塔》中的"雄伟"二字相关联,"白日依山尽,黄河入海流"则解决了《雄伟的塔》中的背景部分。古诗和绘画结合,不仅可以让孩子们更加深刻地理解诗词的意思,同时也巩固了塔的结构和雄伟的表现方法,以此达到知识在学科间的横向融合,让孩子在学到知识的同时,还掌握了在生活中用绘画表达情感的能力。

四、鉴赏能力的培养

第一次教授五年级的欣赏评述课"肖像人物",孩子们在自由评价《王时敏像》环节中,能说出的评价语就只有"好看""漂亮"。我想现阶段的孩子们缺乏的,或许不是事实性的知识,而是美术的基本素养,我觉得更偏向于能力。一种需要长时间培养,一旦学会就可以在生活中灵活运用的能力。

对于"欣赏评述"领域的课程来说,课标规定要教会学生从题材、内容、表现方法等角度去进行初步赏析。我将评价的三个角度罗列在黑板上,让学生对应填写,一节课上完,学生的吸收度很低,90%的学生下课就忘,问题原因应该还是知识点脱离了生活实际,学到的大师作品的评价方式在生活中缺乏运用环境。

首先得教会孩子基本的评价角度。于是我在课堂上带着孩子们看了将近一个月的《国家宝藏》《假如国宝会说话》,在节目中专家会从多个方面进行鉴定分析,孩子在看的时候,自然而然地熟知评价的角度和专业知识。接着,我拿出了在看展时拍的作品图片了,他们真的开始从基本角度对画作进行分析、评价,在专业术语的使用上,比起以前有了很大的进步。

基于此,我认为想要培养学生的美术素养及鉴赏能力,关键在于生活环境的营造。教师可以经常在班级中组织学生进行国宝作品、传统文化作品的讨论会,让学生能够把学到的知识应用到生活中,逐渐培养鉴赏能力。

五、美术素养在生活中的应用

其实,美术中所说的素养,不仅仅是对名画的赏析,还有很多将设计应用于生活的能力。如"设计·应用"课程学过"设计生活标志"这节课后，能够了解到标志的基本组成部分，不同的色彩在标志中的作用。标志与生活息息相关，上学途中马路上的交通标志、马路上各种汽车的标志、路边各种商店的标志、校园内的应急标志、草地上的标志……孩子们在学完这课后，能否在课堂以外的地方思考标志设计得好与不好、原因是什么等。

低段同类课程"漂亮的小钟表""小扇子"和"杯子的设计"都可以通过美术教学，培养他们的设计意识，让他们掌握设计的基本步骤，向他们发出"小小设计师"的邀请函，接着引导他们需要掌握的设计步骤。首先要去了解它（基本组成部分、形状、色彩）；第二步根据不同的需求去设计，以此渗透"以人为本"的设计意识；最后一步要让学生意识到美术创作与生活的关系，自己设计制作出来的作品是有用的，可以应用到生活中（既具有使用价值也是一件艺术品，可以装饰美化真实的生活环境，如自己的卧室、书桌等）。

在我探索的生活美术教学的过程中，非常幸运地看到了杭州孙飒老师的书，她在牛年第一课的书中写道，牛年春节的主题就是"牛"。她从生活中收到的牛年贺卡、牛年邮票中找到了可以用于教学的点，并将其转化为课程资源。孙老师给我的启示是，要善于发现生活中可以用到的美术元素，并把它应用于教学。从教师的角度出发，仅仅只是发现、只是有生活教育意识的输入是不够的，还需要通过与具体课程的结合才能完成渗透并将其输出。课程产生是从感受牛年春节的快乐开始，到互送祝福、送贺卡邮票、共同欣赏各国牛形象的特点来渗透"艺术无国界"的意识，如中国喜气的红牛、韩国可爱的卡通牛、越南美丽花纹的彩牛。最后给出任务，即设计一张表达快乐想法的牛年邮票。那么如何设计呢？教师分解步骤：怎么画牛？牛有哪些造型特点？你心中的牛是什么样的？怎样设计邮票，由哪几部分组成？以此实现对课程的分解，使学生既能学到具体的美术知识，还可以在实际生活中运用分解问题的能力，同时也培养了他们尊重不同时代和文化的美术作品的基本素养。

（作者单位：合肥市蚌埠路第二小学）

打造彰显活力的艺术课堂

王雨昕

"老师，这段时间怎么没有做一些有趣的 PPT 上课了呀？我可喜欢你做的课件了。"

"唉，老师最近因为节目排练，忙着后期音频、视频剪辑，抽空了就来做新的有趣课件！"

以上对话出现在一次课前，相信看到这里，许多同我一样的音乐老师一定有很多共鸣。老师们在日常教学中不仅要当一名教书匠，还要做一名会制作各式各样视频、音频及亮眼展示课课件的"电脑大师"，制作日常的课件亦是如此。

我是一名十分热衷于使用多媒体进行教学的老师。尽管有些老师会提醒我，不能完全依赖于多媒体教学，因为许多内容是无法单纯通过多媒体呈现的。诚然，音乐的课堂上绝对少不了歌唱与乐器的演奏，这些都是无法被替代的。然而传统的音乐教学模式，已经无法满足当代孩子对知识的渴求和对新鲜事物的探索欲望。教师应该在一定基础上通过不断创新改变课堂教学氛围和手段，努力让音乐课堂变得生动有趣，让孩子们在轻松愉快的氛围中学习音乐，享受音乐带来的乐趣。

记得小时候上信息课，我第一次接触到了如何制作能够自如切换的 PPT，那种兴奋感至今仍记忆犹新。回家后，我迫不及待地尝试用 PPT 做了一个自我介绍，并向家人骄傲地展示了我的作品。从那时起，我便对多媒体技术产生了浓厚的兴趣，自诩颇有些电脑天赋。进入大学后，我选修了专门教授希沃白板的课程，这为我打开了制作新型课件的大门。我惊讶于课件竟能如此有趣，甚至开始畅想未来，要用这些有趣的课件带领孩子们探索音乐的奥秘。用希沃白板技术制作课件时，可以加入游戏环节，这一特点让我印象深刻。在学习如何区分乐团中的铜管乐器、木管乐器及打击乐器时，我利用游戏的方式，让孩子们将不同的乐器进行归纳，并比赛谁的速度更快。这种方式不仅考查了学生对知识的掌握程度，还激发了他们学习音乐的兴趣，让课堂变得生动有趣。

尽管从初、高中到大学我一直都在接触多媒体信息技术，但真正开始工作后，自己动手制作课件、剪辑音频和视频又是一项全新的挑战。作为一名刚大学毕业、毫无教学经验的"小白"教师，我选择用一个快闪视频开启我的第一节课。视频中我通过快速闪动的图片、文字及动感的音乐向孩子们介绍自己，并提出课堂中的要求。在视频的最后屏幕上闪出：接下来让我们在音乐课堂上翱翔吧，愿意配合我的小可爱们举手！本以为刚上初中的孩子们羞涩腼腆，没想到孩子们刷刷举起了手。那一刻，我深深地感受到，只有让课堂变得有趣，才能吸引孩子们的注意力，激发他们的学习热情。

为了上好每一节常态课，我都会花费大量的时间进行备课。这包括制作课件、寻找合适的音视频素材，以及对较长的乐曲进行分段剪辑等。虽然学校为每位老师都开设了学科网的账号，方便老师学习和下载课件，但我并不喜欢那些千篇一律、与课程内容毫无关联的课件。因此，我努力学习如何制作精美有趣的课件，运用多种信息技术手段来丰富我的音乐课堂。

刚开始上课时，我更多地注重本节课的内容是否全面，将课本中的知识点一股脑地分布在每一张幻灯片中。然而，我发现这种方式理论性太强，孩子们往往听得一头雾水。课堂上似乎只有我在不停地讲述，学生却发挥不了他们的主观能动性。即使课件的模板再好看，图片再精美，也吸引不了他们的注意力。于是第一次课堂"改革"开始了……

当时学校音乐教室的电脑较为老旧，仍需要使用传统的投影机来播放课件。如果外面的阳光太强，幕布上几乎什么都看不见，经常需要将教室里的窗帘全部拉上，才能勉强看清楚投影出的内容。尽管如此，孩子们依旧期待每一节音乐课。为了加强课堂上的互动性，我开始尝试将一份课件、一堂课设定在一个特定的环境，让孩子们沉浸式感受课堂氛围。例如在上《溜冰圆舞曲》时，因为乐曲篇幅较长，我将歌曲每一段单独剪辑出来，通过几张图片和序曲开始讲述一个故事，剩下的乐段一段段聆听，让孩子们通过聆听音乐、分析乐曲中出现的乐器从而开始编创后面的故事情节，最后每一个班级都形成了一个独属于他们的"溜冰小故事"。刚入初中的七年级孩子大多数还处于感性的学习状态，这节课让孩子们大胆进行创作想象，效果比以往都要好。

在外听课时，我见识了老师们五花八门的教学手段，这让我耳目一新，也对课堂有了一些新的想法。例如，在一节"军民大生产"的公开课中，上课的老师用新颖的广播剧形式呈现出了一个生动的劳动号子故事。通过了解、学习、吆喝、创新填词等艺术实践手法，勾起了孩子们的学习兴趣，也让听课的老师回味无穷。原来，音乐课还可以这样上！回想自己日常上课的方式，我发现自己还是不太能放得开。音乐本就是愉悦放松的，为何不能多带孩子们"玩"起来呢？

于是，我怀揣着对创新的渴望，开始尝试将更多的音乐元素和互动环节巧妙地融入我的音乐课堂中。我的目标是，让孩子们在轻松愉快的氛围中学习音乐，深入感受音乐的无穷魅力。自此，第二次课堂"改革"如火如荼地展开了。

在这次"改革"中，我大胆突破了传统的教学框架，不再拘泥于课本中的知识和音乐。我深入挖掘各种课外元素，将它们巧妙地融入我的教学中，使课件制作更加丰富多彩，更加生动有趣。以八年级下册第一单元"生命之杯"为例，这个单元的内容主要围绕奥运、世界杯等竞技比赛主题歌曲展开，为了让学生们能够更深入地了解这些主题，我将单元课程精心划分成了三节课。

第一节课，我围绕"双奥之城——北京"这一主题展开。从歌唱《我和你》这首脍炙人口的奥运歌曲开始，我们一起回顾了北京奥运会的美好时光。接着，我又引入了新加入的冬奥会主题曲《雪花》，让学生们通过聆听这首歌曲，进一步感受冬奥会的独特魅力。在这个过程中，我还引导学生们思考歌曲背后的文化意义和历史背景，为下节课的学习做好铺垫。

第二节课，我以"奥林匹克运动会"为主题，将学生们的视野扩展到世界范围。我们一起欣赏了会歌《奥林匹克颂》的庄严旋律，感受奥林匹克精神的伟大。接着，我又带领学生们领略了往届奥运会的主题曲，让他们在聆听的同时，也能了解到不同国家、民族音乐的独特魅力。

最后一节课，我设定了"我们为何热爱世界杯"这一主题。当男生们得知这节课的内容时，他们表现得十分兴奋。我们一起探讨了世界杯足球赛的魅力所在，分享了各自喜欢的球队和球员。虽然这节课并没有涉及太多的知识点，但它却带给了孩子们足够的乐趣和满足感。孩子们纷纷表示，这样的音乐课让他们感受到了音乐的魅力。

通过一次次的课堂创新转变，我深刻地体会到，音乐课不仅仅是传授知识和技能的过程，更是一个让孩子们感受音乐、享受音乐的过程。只有当我们将音乐融入孩子们的生活中，让他们在音乐中找到快乐和满足，才能真正发挥出音乐教育的价值。

回首教学三年，虽短暂，但上过的每一节课都让我记忆犹新。每一段旋律，每一个音符，都仿佛在我心中刻下了深深的印记。从最初的摸索尝试，到如今的熟练自如，我的音乐课堂在不断创新中焕发着勃勃生机。在这三年里，我不断探索音乐教学的新方法、新途径，力求将最新的教学理念融入我的课堂中。同时，我也注重培养学生的创新能力和实践能力，鼓励他们在音乐创作和表演中展现自己的个性和才华。

音乐，是一门充满活力和创造力的艺术。在我的课堂上，我始终秉持着这一理念，让学生们能够在轻松愉悦的氛围中，感受到音乐带来的快乐和成就感。我相信，只有不断创新，才能让音乐课堂焕发出更加璀璨的光彩。未来，我将继续走在不断创新的音乐课堂道路上，不断探索、不断实践，为学生们带来更加丰富多彩的音乐体验。我相信，在我的努力下，我的音乐课堂将会越来越有活力，越来越有魅力，成为学生们心中最美好的记忆。

（作者单位：合肥市第三十八中学）

传统审美文化心理在美育课堂中的转化路径

谢淑娟

在真正踏上讲台前,"教书育人"就已刻进我们的灵魂中。但在教学实践中,我发现"教书"与"育人"很容易割裂开,在课堂中学生常常受到压制,被动地接收、适应、执行教师的思想与意志。从知识到生命的转换,融通教与育,需要解决过分关注符号性、结论性知识导致的生命价值的缺失。

在一堂常规课上我无意间谈到了校园里的树,没想到学生很感兴趣,我索性放弃了本节课的教学内容,带着学生畅游了一圈校园景观,向他们介绍了学校的各个方面。我的本意很单纯,只是让七年级新入学的他们了解了解学校,增强校园认同感,顺带传递传递人与自然和谐共生的观念。没想到下一节课我刚到教室,学生兴奋地跟我分享他们去看了教学楼前的歪脖子树,果然像宿睡落枕的长脖子龟一样生动扭曲,找到了传说中的因为校园规划被迫搬家的同心树,围观了过分自由生长碰瓷电线从而被修剪得像被扒了毛裤被迫光腿的梧桐树,还为因附近老旧居民区拆迁被遗弃在校园里的队伍越来越壮大的"猫学长""猫学姐"们做了猫窝等。那一刻,我的心情无以言表,本来计划外的闲聊迸发出热烈的火花,踏上讲台两年多的我第一次如此清晰地感受到教育的意义。现在总结来看,打动我的不仅是他们的肯定,更多的是在那一刻由个体生命力的旺盛而迸发出的丰满情感。一个生命力旺盛、情感丰满的人绝对会保持对生命、生活的热爱,不至于长大后在琐碎无边的世俗中冷漠麻木,以致堕入心灵上的虚空。新时代的美育工作者肩负着新的任务与使命,文化自信的导向要求我们要深入研究发掘中华优秀传统文化,学校美育工作同样需要突出这一点。我校校园面积广阔,自然资源丰富,景观设计体现了中国传统审美文化心理中"天人合一"的传承。在这样的视觉美育环境下,我想可不可以尝试从传统审美文化心理的角度入手,师古人,师造化,中得心源,以知行合一为脉络,呈现一个递进展开、有结构的整理与思考,并且情境化的学习过程,让学生不是浅显地感兴趣,而是将传统审美文化心理融入当代美育中进行现代化转化?

在众多传统艺术门类中,中国山水画蕴含的精神内核集中体现了中华民族独特的哲学思考与认知方式。立足深厚的校园美育资源,深度挖掘以中国传统山水画为代表的各个艺术门类中传统审美文化心理要素是我校发展的必由之路,这不仅切合本校实际的美育发展需求,更有助于宣扬优秀传统文化。但是仅仅立足单个学科无法满足新时代教育发展需求。杜威在《艺术即经验》中提到,"我们在所经验到的物质走完其历程而达到完满时,就拥有了一个经验。只有在后来的后来,它才在经验的一般之流中实现内部整合,并与其他的经验区分开"。《中共中央 国务院关于深化教育教学改革全面提高义务教育质量的意见》中提出,"优化教学方式……探索基于学科的课程综合化教学,开展研究型、项目化、合作式学习",为我解决目前存在的根本问题指明了方向。

面对世界教育变革的新浪潮,我国新课标中提出的跨学科主题学习活动指向学生理解与迁移能力的提升,即帮助学生获得学习材料的真实含义,建立学生对于世界的整体认识,致力于教给学生带得走的素养,而不是送给学生背不动的书包。在跨学科教学的时代,不论是"跨"的前提还是"跨"的结果,我觉得更要深挖本学科的独特性与逻辑性,将多学科知识有意义地联系起来,并且有结构地将其应用到学科之内或以外的问题解决中。

一、设计思路:"知行合一" 多维度建构项目式学习

该项目每一个阶段、每一个环节的设置都综合考虑学科整合与兼容性,打破学科已有界限,对学科内容进行整合和情境化设计,进而进行跨界教学与应用,使学生的知识结构成为一个紧密联系的整体,形成结构化的知识和思维,以全面的观点和思维去认识客观世界和解决实际问题,从而形成综合素养,实现超学科的生命教育。具体设计过程如下:

(一)构建真实问题情境

校园是学生最熟悉的生活环境和学习环境,也是学校育人的主阵地,本次探索以校园环境为切入口设计跨学科项目式学习活动,通过创设真实情境、学生组建团队的方式,解决开放式问题,充分调动学生的学习积极性与热情,让学生不仅会学以致用,更学会用以致学。第一阶段学生深入校园写生,通过实地考察发现身边真实的问题——校园中部分景观规划不合理,围绕"校园理想——山水之境"的主题开展为期 8 周的跨学科学习,从而解决身边真实的问题,激发学生对学校的归属感和社会责任感。

(二)设计驱动性问题

驱动性问题是指围绕项目主题设计的、契合课程标准且具有提炼意义的问题,是项目式学习的出发点,具有激发和组织学习活动的功能。在确定主题后,设计"通过实地考察,学生发现校园中有些景观规划合理、美观,而个别景观在绿化率、美观性、实用性等方面存在问题,如何把传统美学应用到现实生活中构建理想校园""传统山水画与校园景观有没有共同性"等驱动性问题。要解决系列问题,需要综合不同学科的核心知识和素养,如几何直观、空间观念、地理观测、科学实践、创意实践、生命观念和审美感知等,需要从不同学科的角度拆分出子问题:

从数学的角度提出：如何测量校园景观？建筑物等物体？如何计算不规则图形的面积？

从生物的角度提出：学校为什么要种植这些绿植？植物生物习性、校园环境等因素对景观设计有什么影响吗？校园景观改造需要考虑什么因素？

从美术的角度提出：如何把中国山水画中蕴含着的中国人观照世界的方式运用到校园景观改造中？

（三）设定合理目标

一个项目式探索活动，尤其是跨学科项目式学习活动，应出现尽可能丰富的学习实践，以满足学生的多元化需求，基于此，学习目标的制定应突出核心素养和能力，体现具体的学习实践。由此，本项目制定的学习目标为：

（1）外师造化：深入校园，感知、发现自然美，学习笔墨技法进行美术表现。

（2）微观探真：对校园公共景观进行调研，并且形成书面报告。

（3）中得心源：掌握费德门四步鉴赏法，学会欣赏美术作品，感受山水画的意境之美，坚定文化自信。

（4）宏观探道：了解中国文化传统中人与自然的关系。

（5）综合学科：从中国传统山水画论中汲取养分，将中国传统山水绘画中的"二维"形象与校园景观融合，实现"三维"空间的表达，并最终进行成果展示。

（6）理想校园：能运用综合材料通过想象、联想、重组等方式进行构思，表达思想和情感。

六个阶段目标递进式完成项目学习，使学生学会在现实生活情境中发现、提出和分析问题，综合各学科知识与技能解决问题，传递人与自然和谐共生的理念，促进学生身心健康、全面发展。

（四）确定实施过程

项目式学习一般按照六个阶段开展：入项活动、知识与能力建构、探索与形成成果、评论与修订、公开成果和反思与迁移。参考这六个阶段，根据具体学习实践，本案例确定了六个学习阶段，并精心设计了每个阶段的具体活动和项目架构（表1、表2）。

第一课《外师造化　微观探真》、第二课《中得心源　宏观探道》、第三课《景画融合　校园理想》，通过三节课探索传统山水美学与现实生活的联系，从传统山水画的形式美感中汲取文化内涵，进行创造性现代转化，构建理想校园。

（五）评价设计

在具体目标设定后运用"反向设计法"，根据目标设计评价方法，采用多元评价方式，对各阶段、环节任务的知识、重难点设置简洁合理、指标明确的评价梯度，体现学习过程和成果评价相结合，评价贯穿项目所有环节，体现评价控制下的循环上升过程，也让学生对阶段任务一目了然。

表1　学习任务单与学习评价

课题		班级		组别	
学习目标					
1. 山水画能传达画家的精神追求与意境表达，理解山水画中传达的自然观 2. 自然环境、时代背景等因素对山水画的影响 3. 通过解析作品后，能运用类似的方法欣赏山水画作品					
课前学习任务					
1. 了解北宋和南宋的时代背景 2. 对黄公望《富春山居图》、王希孟《千里江山图》、范宽有大概了解					

（续表）

课中学习任务
【学习任务一】探究《溪山行旅图》的位置经营 1. 范宽是如何构图的？ 2. 分别表现了什么？ 近景： 中景： 远景： 【学习任务二】分组探究：画面中包含了哪些形式美的法则？ 第一组：虚实；第二组：疏密；第三组："动与静" 【学习任务三】品读"行旅" 1. "行旅"是怎么表现的？ 2. 范宽真正想表现的是什么？是山还是人？ 3. 范宽的落款在哪里？ 4.《溪山行旅图》蕴含了怎样的自然观念？ 【学习任务四】实践活动：组建心目中的山水 用老师提供的山水画图片素材，自行拼摆，组成一幅山水画作品

课后学习任务				
任选一幅两宋山水画进行鉴赏解读，或形成鉴赏报告。			
作品名称			
作品背景	内容解读	表现主题	
		作者相关	
艺术特色	形式分析	构图	
		皴法	
		色彩	
		整体感悟/ 情感与意境	

表2 学生自我评价表

评价等级		优良	合格	不合格	自我评价
过程表现		完成	基本完成	未完成	
课前任务	学习态度	认真预习与自主进行积极研究	大概浏览,有所了解	不感兴趣,懒得预习	
	知识获得	能够认真学习老师提供的学习资料包,对即将学习的知识具有一定了解	观看了老师提供的学习资料,对新课的内容有一点了解	未观看老师提供的学习资料包,对即将学习的内容一无所知	
	能力提升	能够针对自己感兴趣的点进行自主学习与查找资料	未再进行自主学习与搜集资料	未进行自主学习与搜集资料	
课中表现	学习态度	能够积极跟随老师的授课节奏,积极互动,对作品进行认真的思考与分析,主动、多次回答问题	跟随老师的授课节奏,与老师有互动,但大部分时间不愿思考与主动回答问题	完全不跟老师互动	
	知识获得	完成课中每一步的学习任务单;对传统山水画的鉴赏方法已经完全掌握,理解山水画的独特意蕴	仅对本堂课的授课内容有基本掌握	对所授知识没有掌握	
	能力提升	可以运用多种鉴赏方法进行作品对比与分析	对类似作品可以进行简单分析	无法用专业鉴赏眼光分析类似作品	

（续表）

评价等级		优良	合格	不合格	自我评价
课中表现	学习方法	在小组合作、自主探究的课堂活动中主动担当组长，合理分配小组任务，起到带头示范作用；或能够积极配合小组长完成本组学习任务，进行出色汇报或展示	能够配合完成本组的学习任务	不愿承担小组任务	
课后任务	能力提升	能够充分解读作品，文字能较全面地呈现作品背景和艺术特色	能够基本解读作品，文字能基本呈现作品背景和艺术特色	无法正确解读作品，文字内容不能呈现作品背景和艺术特色	

二、教学设计

本课程围绕"古代山水画的独特魅力和艺术价值与传统美学和现实生活的联系"的大概念，以人与自然这个永恒的主题为立足点，以校园景观为线性主题贯穿单元教学。

第一课《外师造化　微观探真》带领学生校园写生发现自然美，对校园环境进行调研；第二课《中得心源　宏观探道》聚焦《溪山行旅图》，多维度深度探究艺术美；第三课《景画合一　校园理想》探索传统山水美学与现实生活的联系，构建理想校园。

除了要读懂课标、读懂教材之外,还要读懂学生,尤其要读出学生的发展需要。第一课结束后我总结了以下几个问题:学生大多采用焦点透视追求写实,表达单一,或者沿用儿童化的平面表达;面对现实物象束手无策,怯于尝试,停于表象,审美素养有待提高。有了问题,课程的实施就有了方向。两宋时期的山水画是对传统山水画创作的一次革新,此时期的山水画由之前的写实逐渐转向写意风格,出现了以自然为蓝本而建造的写意山水园。这一发展趋势与学生的发展需求不谋而合,基于这一学情,第二课围绕两宋山水画有何美、美在何处的基本问题进行深度学习,带领学生感知、体验、欣赏、评价艺术美。运用3D视频引领学生进入《溪山行旅图》,引导学生进行直观感受提问,针对学生提出的问题以学定教生成主题。利用Flash视频展示"三段式构图",引导学生从虚与实、疏与密、动与静三方面理解山水画的形式美,为学生鉴赏此类全景式构图的山水作品提供了示范观察方法。以大见小,深入"行旅"细节,阶梯式递进分析三重境界,提升审美判断和文化理解,实现育人价值,引导学生知道除了"外师造化"还要注重"中得心源"的艺术创作理念。

运用所学的费德门四步鉴赏法,自主探究鉴赏山水园画,明确人与自然和谐共生的关系。结合所学组建心目中的山水,进一步体悟传统文化"天人合一"的追求。在前两课的学习氛围上进入第三课,探索传统山水美学与现实生活的多元关系。基于第一课校园环境调研的报告,通过对两宋山水画的探究学习,小组制订创作方案,集体讨论提炼主题后实施创作。通过本课的学习,发展学生通过创作艺术作品表达思想情感,对传统文化进行创造性转化、创新性发展。因为小组主题不同,学生个体存在较大差异,应根据实际情况精准指导,通过装置艺术、观念艺术等现代艺术打开学生思维,形成多元表达的艺术观。

三、 学习成效　多元表达

学科综合课程的实质是打破学科已有界限，对学科内容进行整合和情境化设计，进行跨界教学与应用，促进学生的知识结构成为紧密联系的整体，形成结构化的知识和思维，以全面的观点和思维去认识客观世界和解决实际问题，从而形成综合素养。

在本实践探索中，学生能够打破学科界限，综合不同的学科知识与工具材料创作不同形态的作品，从中国传统山水画论中汲取养分，把传统审美文化心理进行创造性转化。

学生作品1：《活水来》。在考察阶段发现校园角落里的小水池因地理位置与周遭环境原因浑浊不堪，该组学生运用数学学科知识对校园管道进行勘测后重新计算设计，利用超轻黏土建造模型，打通校园里的水道，让活水进来洗刷污浊，还小鱼一个清澈的家。

学生作品2：《青山万里》。该组运用生物与物理知识，利用氢氧化钠实验探索绿叶中蕴含的色彩原理。

学生作品3：《文骨》。该组整合美术与语文学科，以文化骨，用符号化的文字形象构建心目中的精神归宿，体现了一定的传统美学涵养。

学生作品4：《平凡而伟大》。该组学生运用数字媒体技术，编创词曲，为校园角落里平凡的植物重新赋予新的意义。

四、 反思

2020年印发的《关于全面加强和改进新时代学校美育工作的意见》规划了未来学校美育工作的主要目标："到2035年，基本形成全覆盖多样化、高质量的具有中国特色的现代化学校美育体系。"美育不仅体现在提高学生的审美文化素养上,而且体现在塑造学生正确的世界观、人生观、价值观上。传统艺术作为弘扬中国传统文化的宝藏,蕴含着丰富的传统审美文化心理要素。只有让要素在当代美育中得到传播,才能赋予当代美育以灵魂。为了让学生从根源上深入了解中国传统美术的文化内涵,可以把中国传统审美文化心理作为教学的切入点,引导学生学习中国画的思想和创作技法,再结合时代、校园实际开展创作,这样才能避免学生出现类似只学习鉴赏而不懂文化内涵的问题。

在新时代弘扬中华传统文化的时代背景下,美育对学生的培养不仅仅停留在基本的技法和审美辨别上,还应强调引导学生解读传统艺术作品背后蕴含的思想、文化、精神。深厚的文化功底和更高层次的审美能力是当下美育对美育工作者提出的新的要求。传统审美文化心理中的各个要素对于学生的完整教育具有较大的现实意义,我们在科学、理性地对待优秀传统文化的同时,应汲取其中适用于当代美育的要素并加以实践,在传承中谋发展,在发展中求创新,为实现中华民族的文化自信提供强大动力。

(作者单位:合肥市行知学校)

如何将"吵闹的课堂"转变为"活力课堂"

徐培恒

作为一名音乐教师,自从入职以来我一直有个烦恼,就是上课时班级很吵闹。我尝试过很多方法来解决这个问题,但总是治标不治本,可能当时安静了,但是听完歌曲或者唱完歌曲又开始吵闹。

"你们上语文课,或者数学课班级有这么吵吗?"我总这样问他们,底下又会零零碎碎传来几句"不会啊!"我接着问:"那为什么总在我的课堂上吵呢,是比较害怕班主任而不害怕我吗?"后来想一想,他们为什么要害怕我呢?我是音乐老师啊,我应该给学生们带来快乐,去发现他们那天真烂漫的童心。

一、童年记忆:美妙的旋律

"小鲤鱼,模样真神气,活蹦乱跳,滚了一身泥。"我对着舅舅的手机录着《小鲤鱼历险记》的主题曲,这是我非常喜欢的一首动画歌曲。小时候的我,每当听到那欢快的旋律和活泼的歌词,都会不由自主地跟着节奏摇摆。虽然当时的手机功能有限,但这并不妨碍我追逐美好的歌曲。我的音乐启蒙就始于这些带着年代感的动画歌曲,它们为我打开了一扇通往音乐世界的窗户,让我探索到音乐的美妙。

上小学的时候我最喜欢的就是音乐课,最喜欢的老师也是音乐老师,她会带着我们去音乐教室弹钢琴,唱着书本中好听的歌曲,跟随音乐做着有趣的动作，教会我们音乐知识。有时音乐课被其他学科老师占用，我们都叹着气去向老师抱怨，收到的也只有一句"闭嘴，快考试了，成绩最重要"。当时的我上音乐课的时候是怀着怎样的心情呢？是否和现在的学生一样，比较激动并难以克制自己？

到了初中，音乐课更少了，但我对音乐的喜爱却没有变少。那时我常用流行的 mp3 下载着自己喜欢的歌曲，戴上耳机沉浸在自己的世界中。记得第一次班级元旦晚会，第一次站在舞台上，我感受到了一种前所未有的紧张和兴奋，手里握着麦克风，心里却充满了自信和勇气。音乐响起，我闭上眼睛，开始了我的表演。歌曲结束后，通过台下的掌声，我感受到同学的支持和鼓励，体会到了音乐所带来的无限力量。在音乐课堂上，我会在课上故意讲话，发出一些奇怪的声音，现在回想起来这种做法非常不明智，甚至会事与愿违，但当时只为得到音乐老师的关注。

初升高的那年暑假，我想和自己的好朋友一起报名学吉他，起初我以为妈妈会不同意，结果她爽快地答应了，并带我买了我人生中第一把吉他。当时我是爱不释手，就差睡觉也抱着它了。为了能够弹自己喜欢的曲子，就算手再疼，也依旧坚持，我成功地在那个暑假学会了吉他。

高中时期，我依然坚持着对音乐的热爱，并且决定朝着音乐高考的道路迈进。这意味着我需要更加专注地学习音乐理论、技巧，并投入更多的时间和精力来练习乐器和声乐。每天的生活充满了音乐的节奏。我会花几个小时练习乐器，不断完善自己的演奏技巧。同时，也会花时间加强乐理的学习，除此之外，还有视唱和练耳，这段时期对我来说是充满挑战但也充满乐趣的。尽管需要付出大量的努力和时间，但我从中获得了巨大的满足感和成就感。每一次突破和进步都让我更加坚定自己选择音乐道路的信心，并期待着大学的更多挑战和成长。

如今，我作为一名音乐教师，试着理解学生们在课堂上的一些看似扰乱课堂纪律的行为，他们或许并不是故意要在课堂上吵闹，或许是想引起老师的注意，又或许是被音乐所感染，情绪无法自控，正如当年的我一样。也许在他们以后成长的道路上，音乐会一直陪伴着他们前行，给予他们力量，激发他们的潜能。

那如何将"吵闹的课堂"转变为"活力课堂"呢？作为音乐教师，我们不仅是传授音乐知识和技能的人，更是引导学生探索音乐世界、发现内心世界的导师。我们需要以身作则，用音乐的力量感染学生，引导他们找到自己的兴趣所在，激发他们的学习热情和创造力。

二、 激情燃烧： 培育活力学习环境

上课环境很重要。现在的学校都会配有音乐教室，在音乐教室上课和在原来的教室上课，完全是不同的效果，课桌和课椅会限制孩子动作，也会限制孩子的想象力。

在音乐教室中，没有了课桌椅的束缚，学生们得以自由地在空间里畅游，释放着身体的活力。这种环境与传统教室形成了鲜明对比，在这个自由开放的空间里，学生们不再受到任何的约束，他们可以用自己的身体感受音乐的律动，用动作来诠释内心的情感。

老师不仅仅是站在讲台上传授知识，更像是一位"舞者"，引领着学生们一起律动、一起跳舞、拍手、敲击乐器，用心灵去感受音乐的美妙。这样的教学方式不仅唤醒了学生们的兴趣，更加增添了课堂的生动性和互动性。

在这个充满激情的音乐教室里，每一天都是一次充满活力的冒险。当学生们踏入这个充满音符和节拍的空间时，他们仿佛进入了一个充满魔法的世界，一种无形的力量开始在他们心中萌发，激发着他们对音乐的热爱与探索欲望。

每一次课堂都充满了欢笑和激情，学生们在音乐的海洋中尽情舞动，尽情释放自己的激情和创造力。他们不再是孤独的个体，而是一个个充满

活力和生机的音乐家，他们的心灵在音乐的律动中得到了升华和滋养。

三、和谐旋律：建立信任和沟通

在教育的大舞台上，教师扮演着引领者的角色，而学生们则是与我们共同奏响和谐旋律的主角。作为一名音乐教师，我深知建立信任与沟通的重要性，这是我们共同创造出和谐乐章的关键。

我们不仅仅是传授知识的老师，更是学生们的倾听者、理解者，需要用心倾听他们的心声，了解他们的想法和感受，透过与他们的交流，更好地理解他们行为背后所隐藏的真正动机，并为他们提供适宜的支持和帮助。

每个学生都是独特的音符，在我的课堂里，我尽力让每一个音符都得到充分的重视和呵护。我努力与学生们建立起一种信任的纽带，让他们感受到老师的关怀和支持，给予他们足够的空间去表达自己。在信任的基础上，我们才能一起奏响美妙的乐章。

而沟通则是和谐旋律的灵魂。我与学生们保持着密切的沟通，不仅在课堂上，更在生活中。我尊重他们的每一次发言，每一个想法。通过与学生们的沟通，我了解到他们的困惑和需求，能够更好地指导他们，帮助他们解决问题。

四、活力绽放：音乐教学的探索与创新

在当今充满变革和创新的教育领域，音乐教学作为一种独特的艺术形式，也在不断探索和创新中焕发着活力。

首先，音乐教学的创新体现在教学内容和方法上。传统的音乐教学注

重技巧和乐理的传授，而现代音乐教学则更加注重学生的全面发展和个性化培养。教师们不再局限于课本知识，而是通过丰富多样的教学资源和活动，引导学生探索音乐的多样性和丰富性。例如，利用现代科技手段，教师可以引入虚拟现实技术或音乐制作软件，让学生通过互动体验，深入了解音乐的奥妙。

其次，教学的个性化定制至关重要。每个学生都有独特的兴趣和学习方式，因此，针对不同学生的特点和需求，设计个性化的教学方案尤为重要。教师应以学生的音乐兴趣、学习习惯以及认知能力为出发点，量身定制专属的学习路径，激发学生的学习潜能。

再其次，跨学科融合将为音乐教学注入新的活力。音乐与其他学科密不可分，如音乐与语言、数学、美术等。因此，在音乐教学中融入跨学科的内容和方法，既能丰富学生的知识面，又能培养学生的综合能力和创新思维。

最后，实践与体验是不可或缺的。音乐教学强调实践性，只有通过实际操作和体验，学生才能真正理解和掌握音乐的本质。因此，教师应重视实践教学，在课堂上为学生提供丰富的实践机会，让学生亲身参与音乐创作、演奏等活动，从而深化对音乐的理解和感受。

在教学实践中，我也逐渐明白了活力课堂的真谛。它不仅仅是教与学的场所，更是心与心的交会之地。在这个充满韵律的舞台上，我与学生们一同谱写着生动的乐章，我们用激情和汗水浇灌着成长的花朵，用理解和关爱滋养着每一个心灵的角落。

每一个活力的音符，都是我们共同奏响的心弦；每一次激扬的节拍，都是我们情感的释放。在活力课堂中，学生们不仅仅是接受者，更是创造者，他们的想象力和创造力在音乐的翅膀下展翅高飞。而我，作为他们的引导者，深深被他们的热情和活力所感染，我从他们身上汲取了无尽的力量和勇气。

在这个充满奇迹和可能的音乐世界里，我们相互启迪、相互成就，我们一同追逐美好，一同奔向未来。活力课堂，是我们心灵的驿站，是我们梦想的港湾，更是我们情感的归属。在这里，我们用音乐的语言书写着成长的篇章，用心灵的和谐演绎着人生的乐章。

（作者单位：合肥市少儿艺术学校）

后　记

主编许珊老师在"前言"中已经把这本书的来龙去脉讲得很清楚了，而且她的"前言"写得酣畅淋漓、温暖感人。本来我没有必要再补一个后记，但如果我不把那份发自内心的谢意表达出来，我会觉得这是本书的一大缺失，所以我想还是要说几句话。

艺术导师制培训项目开展一年多，能够出版一本书，这在项目启动的时候，我估计所有学员都没有想过，包括我在内。由此我们也不必谦虚，这无疑是导师制培训项目的一大意外收获和一个沉甸甸的阶段性成果。我们能拥有这份收获与成果，于我而言要感谢和归功许多人。

首先要感谢瑶海区教育体育局袁乃玉局长。我每次去瑶海，您总在百忙之中抽出时间参加我们的活动，与项目组的学员平易交心，分享您饱含情怀的美育智慧。我之所以期待每一次的瑶海之行，很重要的一个原因是我每次都能享受着您的美育浸润；而您创造性地提出导师制培训构想并付诸实践，无疑为提升教师素养尤其是实施美育教师浸润行动，开创了一条新路。我敬重您！

其次要感谢艺术导师制培训项目负责人许珊老师。我之所以有机会以导师身份参与到这个项目中来，很大程度上要感谢我与你的第一次电话交流。此前我们没有打过什么交道，但那次的通话你不仅让我觉得这个项目值得我去参与，而且也让我很难找到拒绝的理由，因为你说的每一句话都是那么诚意满满，对我那么有信心。这一年多来的交往，你让我进一步了解到基层音乐教研员这个特殊群体中有像你这样既充满工作激情与敬业精神，又素养全面且扎实肯干的人。我欣赏你！

当然我要特别感谢艺术导师制培训班的每一位老师。是你们成全了我这一特殊的导师身份，让我在高校不再指导博士、硕士研究生的时候，一次性地招收了20多位亦生亦友、志同道合的"研究生"，并且共同探索开设了"美育浸润的艺术课程"这一全新的研究方向。要知道，本书还只是我们这一年多以来的显性学习研究成果，在我看来，更为重要的收获可能是美育浸润的种子在我们每个人心灵深处的牢牢扎根。在这里，我还要对自己"逼迫"你们动笔的行为表达歉意，只是因为我把你们视为自己人才如此不近人情。我爱你们每一个人！

最后我要感谢我的老东家湖南师范大学出版社。我曾在出版社工作了六年，那是我职业生涯当中难忘的一段旅程。我还要感谢本书责任编辑胡艳晴老师，我们的合作从十多年前就已开始，你一直都是我在出版这方面最放得心的人。感谢出版社的老战友们！

郭声健

2024年11月